Michael Rosenberger

Was der Seele Leben schenkt

Michael
Rosenberger

Was der Seele Leben schenkt

Spiritualität aus Erde

echter

Der Umwelt zuliebe verzichten wir bei diesem Buch auf Folienverpackung.

Bibliografische Information der Deutschen Nationalbibliothek

Die Deutsche Nationalbibliothek verzeichnet diese Publikation in der Deutschen Nationalbibliografie; detaillierte bibliografische Daten sind im Internet über ‹http://dnb.d-nb.de› abrufbar.

1. Auflage 2021
© 2021 Echter Verlag GmbH, Würzburg
www.echter.de

Umschlag: wunderlichundweigand.de
Umschlagbild: Shutterstock / Artens
Innengestaltung: Crossmediabureau, Gerolzhofen
Druck und Bindung: CPI-books – Clausen & Bosse, Leck

ISBN
978-3-429-05590-5

Inhalt

Vorwort

„Du kannst dir gar nicht vorstellen, welchen Gefallen mir die Idee bereitet, dass du ein Buch über eine Spiritualität schreibst, die der Erde treu ist, ohne religiöse Überbauten … Der Begriff Spiritualität ruft für mich eine Dimension der Freiheit und Befreiung hervor, der Wiederaneignung einer Tiefendimension, die weder rein psychologisch noch allein das eigene Ich ist; es ist eine Dimension, nach der ich Heimweh spüre, die mir im selben Moment entflieht und gehört. Es ist wie in Atemnot zu leben und den Rhythmus einer Tiefenatmung zu suchen. Mir fehlt vor allem die innere Stille und das, was Simone Weil ‚Achtsamkeit‘ nennt: Eine Zeit und ein Raum, in denen sich nicht so viele Gedanken, Beschäftigungen, Aufgaben, Verpflichtungen drängen, die zerstreuen, unterbrechen und ständig an der Oberfläche bleiben.“

Diese Zeilen, mit denen meine Studienkollegin Dott.sa Alessandra Saccon auf meine Ankündigung des hier vorgelegten Buchs reagierte, haben mich sehr berührt. Auf dem Hintergrund einer langen Freundschaft, der die Entfernung von Turin nach Linz nichts anhaben kann, hat sie sofort erkannt, worum es mir in diesem Buch geht, und ihre Geistes-Verwandtschaft wie auch ihre Be-Geist-erung treffend ausgedrückt. Ohne dass sie ein genaueres Konzept des Buchs hatte, ohne dass ich ihr den geplanten Inhalt im Detail erzählt oder dargelegt hatte. Es genügten wenige Sätze, ein paar Schlüsselideen von mir, dann war für sie alles klar.

In der Tat ist mir dieses Buch seit Jahren ein Herzensanliegen. Doch es musste auf der Grundlage vieler Gespräche in mir wachsen und reifen, es brauchte seine Zeit. Jetzt gebe ich es aus der Hand und hoffe, dass es Anklang findet. Dank sage ich neben Dott.sa Alessandra Saccon, Turin, auch Dott. Guglielmo Iacomelli, Montevarchi. Mit beiden verbinden mich Jahrzehnte des Suchens und Fragens und Immer-tiefer-Schürfens, um eine solche Spiritualität aus Erde Stück für Stück ans Tageslicht zu bringen. – Neben dem Entwickeln der Ideen braucht es aber auch den kritischen Blick von außen, der mitunter ein hartnäckiges Contra gibt. In diesem Sinn danke ich für aufmerksame Kommentare zum Text Prof.in Dr.in Anna Minta, Linz, und Prof.in Dr.in Birgit Herting, Schwäbisch Hall.

Das Manuskript war fertiggestellt, kurz bevor die Corona-Krise begann. Dieser tiefe Einschnitt in die Welt-geschichte, dessen Folgen wir im Moment noch nicht an-satzweise erahnen können, macht eine Spiritualität aus Erde noch dringlicher. „Ein Teil fiel auf guten Boden und brachte Frucht; die Saat ging auf und wuchs empor und trug dreißigfach, sechzigfach und hundertfach" (Mk 4,8). In diesem Sinne wünsche ich eine fruchtbrin-gende Lektüre.

In der Heiligen Woche 2020   Michael Rosenberger

1. Woraus leben?
Zur Zielsetzung dieses Buchs

Im Jahr 2006 veröffentlichte der französische Philosoph André Comte-Sponville, geboren 1952 und bekennender Atheist, ein Buch, das den Titel trägt: „L'esprit de l'athéisme. Introduction à une spiritualité sans dieu". Wörtlich übersetzt: „Der Geist des Atheismus. Einführung in eine Spiritualität ohne Gott." Ob es Gott gibt und warum eher nicht, ist in diesem Buch nur Nebensache. Im Zentrum steht die Frage, aus welchen Quellen ein Atheist schöpfen kann, was ihm Mut macht, welcher Geist ihn beflügelt, seinen Weg als einen Weg der Humanität, der Liebe zum Leben und zu den Menschen zu gehen. Und wie er diesen Geist pflegen, die Kraftquellen lebendig halten kann. „Woraus lebt ein Atheist?" wäre also eine mögliche Übertragung des Buchtitels ins Deutsche.

„Woraus lebst du?" Diese Frage stellt Comte-Sponville nicht nur Atheistinnen und Atheisten, sondern allen Leserinnen und Lesern – welcher Religion oder Weltanschauung sie auch angehören mögen. Die Lektüre seines Buchs ist daher auch für glaubende Menschen lohnend. Denn die Auseinandersetzung mit dieser Frage wird allen Menschen ans „Eingemachte" gehen. Niemand kann sich um sie herumdrücken, denn sie stellt sich jedem und jeder sperrig in den Weg. Niemand kann sie mit allgemeinen Floskeln beantworten, denn die wären schnell entlarvt. „Woraus lebst du?" Das ist eine Frage, die eine ehrliche Antwort verdient – und die doch jeden Menschen immer zugleich auf seine Begrenzungen und Schwächen aufmerksam macht.

Die deutsche Übersetzung des erwähnten Buchs im Diogenes-Verlag von 2008 ist betitelt: „Woran glaubt ein Atheist? Spiritualität ohne Gott". Dieser Titel führt in die Irre. Dabei lässt sich die Verkürzung des Untertitels, die die Bescheidenheit des Autors unsichtbar macht, noch verschmerzen. Was jedoch völlig danebengeht, ist der Haupttitel. In der Spiritualität geht es nicht um ein „Glauben an", sondern um ein „Leben aus" etwas. Spiritualität ist ein Schöpfen aus bestimmten, kulturell bewährten menschlichen Quellen. Schon Religion ist nicht in erster Linie ein „Glauben an", sondern ein „Vertrauen auf". Die Überbetonung von Glaubensinhalten (fides quae) und die Unterbewertung der existenziellen Glaubenshaltung (fides qua) war einer der größten Fehler des Christentums, der seit dem II. Vatikanischen Konzil (1962–1965) mindestens allmählich und vorsichtig korrigiert wird. „Woran glaubt ein Atheist?" hätte als Untertitel konsequenterweise „Religion ohne Gott" heißen müssen – aber genau darum geht es Comte-Sponville nicht. Ihm geht es um den „Esprit", den Geist des Atheismus, seine Quellen, seine Lebenskraft, mithin um Spiritualität. Er sucht keine dogmatische, sondern eine existenzielle Auseinandersetzung.

Auch wenn ich als glaubender Christ nicht mit jeder Aussage einverstanden bin: Das Buch von Comte-Sponville ist eindrucksvoll und lesenswert. Seine vermutlich für viele überraschende These lautet: Auch der Atheist braucht Spiritualität. Diese These ist weder banal-vereinfachend noch übergriffig-vereinnahmend gemeint, sondern höchst anspruchsvoll: Kein Mensch kommt ohne etwas aus, was ihn im Innersten bewegt und erfüllt, woraus er schöpft und wofür er brennt. Kein Mensch kommt ohne etwas aus, das seine Lebensgestaltung prägt und sie in eine Form bringt. Kein Mensch kommt ohne etwas aus, das Angelpunkt und Richtschnur seines Handelns ist. Der Mensch ist ein „animal spirituale", ein *„spirituelles Tier"* oder ein „spirituelles Lebewesen".[1] Er hat den unauslöschlichen Wunsch, „im Geist und in der Wahrheit" zu leben[2] – wenn auch nicht unbedingt religiös und schon gar nicht unbedingt christlich. Spiritualität ist kein Besitz einer einzelnen Glaubensgemeinschaft, sondern lässt sich, so die These von Comte-Sponville, in allen Religionen und Weltanschauungen finden – und alle brauchen sie.

Diese These lässt sich empirisch untermauern: 41,2% der Ostdeutschen und 50,2% der Westdeutschen, die sich selbst zu den „Atheisten und Atheistinnen" rechnen, erachten sich als spirituell oder religiös.[3] Man stülpt ihnen also nichts über, sondern nimmt ihre eigene Selbstwahrnehmung ernst, wenn man von atheistischer Spiritualität spricht. Das gilt auch dann, wenn man in Rechnung stellt, dass zahlreiche Menschen, ob religionsgebunden oder nicht, „existenziell indifferent" sind, also wenig Leidenschaft und Engagement zeigen und an Selbsterkenntnis, Spiritualität, Religiosität und Generativität (der Fruchtbarkeit im Sinne der Weitergabe der eigenen Werte und Sinneinsichten) desinteressiert sind. Ihre existenzielle Indifferenz hat zwar keine Auswirkung auf ihre psychische Gesundheit, wohl aber auf ihr subjektives Wohlbefinden, das deutlich geringer ausgeprägt ist.[4] Es „fehlt" ihnen also etwas, auch wenn sie es nicht benennen können.

---

1 André Comte-Sponville 2008, 159.
2 Ebd.
3 Heinz Streib/Barbara Keller [Hg.] 2015, 24; vgl. Eberhard Tiefensee 2019, 35.
4 Tatjana Schnell 2010.

Jeder Mensch ist ein spirituelles Lebewesen, hat die Anlage dafür, eine Spiritualität zu entwickeln und zu entfalten. Aber nicht bei jedem wird diese Anlage gleichermaßen gefördert. Von Jürgen Habermas wissen wir, dass er sich öffentlich als „religiös unmusikalisch" bezeichnet – erstmals in seiner Dankrede zur Verleihung des Friedenspreises des Deutschen Buchhandels 2001[5] und ein zweites Mal in seiner Diskussion mit Kardinal Joseph Ratzinger in der Katholischen Akademie Bayern in München 2004.[6] Habermas spielt damit auf seinen prominenten Kollegen Max Weber (1864, Erfurt–1920, München) an, der fast genau ein Jahrhundert zuvor diesen Begriff des religiös Unmusikalischen geprägt hat. In einem Artikel der Zeitung „Die christliche Welt" schreibt Weber 1906: „Wir modernen, religiös ,unmusikalischen' Menschen ..."[7] Was er damit meint, wird in seinem Brief an den zu jener Zeit weitaus berühmteren Kollegen Ferdinand Tönnies vom 19. Februar 1909 deutlich. Dort heißt es: „Denn ich bin zwar religiös absolut ,unmusikalisch' und habe weder Bedürfnis noch Fähigkeit, irgendwelche seelischen ,Bauwerke' religiösen Charakters in mir zur errichten – das geht einfach nicht, resp. ich lehne es ab. Aber ich bin nach genauer Prüfung weder antireligiös noch irreligiös. Ich empfinde mich auch in dieser Hinsicht als einen Krüppel, als einen verstümmelten Menschen, dessen inneres Schicksal es ist, sich dies ehrlich eingestehen zu müssen, sich damit – um nicht in romantischen Schwindel zu verfallen – abzufinden, aber [...] auch nicht als einen

---

5 Jürgen Habermas 2001, 15.
6 Jürgen Habermas 2004, 4.
7 Max Weber 1906, 581; vgl. dazu auch Dirk Kaesler 2009.

Baumstumpf, der hie und da noch auszuschlagen vermag, mich als einen vollen Baum aufzuspielen."[8] In diesen Sätzen wird einerseits deutlich, dass Weber sich mit der religiösen Unmusikalität abgefunden hat und sich keine Chance mehr einräumt, das bisherige Defizit aufzuholen. Andererseits sieht er es als ein echtes Defizit, bezeichnet sich als „Krüppel" und „verstümmelten Menschen". Das sind harte Worte, und selbst wenn Habermas sie in dieser Härte nicht gebraucht hat, bleibt auch bei ihm ein spürbar schmerzliches Bedauern.

Ich selber spreche nicht von „religiös", sondern von *„spirituell unmusikalischen"* Menschen. Das verringert den Anspruch. Wie ich im nächsten Kapitel zeigen werde, ist „Spiritualität" für mich eine Lebenspraxis, die Menschen aller Religionen und Weltanschauungen offensteht und konsequenterweise in vielen Spiritualitäten im Plural Gestalt gewinnen kann. Eine „Spiritualität ohne Gott", wie sie André Comte-Sponville beansprucht, ist für mich problemlos denkbar und erhält meinen vollen Respekt. Doch im Unterschied zu Max Weber und Jürgen Habermas gehe ich wie Comte-Sponville davon aus, dass „spirituell unmusikalische" Menschen ein Leben lang die Chance haben, eine ihnen gemäße Spiritualität zu erwerben und zu entfalten. Ein Mensch ohne Musikempfinden ist ein armer Mensch, dem wesentliche Erfahrungsdimensionen des Menschseins genommen sind. Ein Mensch ohne Spiritualität auch. Doch beides kann er ein Leben lang lernen, fördern, sich langsam, aber stetig aneignen – wenn es auch mit zunehmendem Alter schwieriger wird. Mit diesem Buch möchte ich dazu ermutigen und konkrete Vorstel-

---

8 Max Weber 1994, 65.

lungen davon vermitteln, wie das jenseits aller Religions-
und Weltanschauungsgrenzen gehen kann.

Eine überkonfessionelle Spiritualität kann nur eine
„Spiritualität von unten" sein. „Unten" wird hier nicht
soziologisch als Spiritualität der kleinen Leute oder der
Armen verstanden, sondern anthropologisch als Spiritualität, die von elementaren menschlichen Erfahrungen ausgeht und fragt: Was hilft uns, intensiv, aufmerksam und
bewusst zu leben? Was erleichtert es uns, die Fülle des
Lebens zu spüren, das Leben auszukosten und mit Leidenschaft zu leben? Wie können wir „Freude und Hoffnung,
Trauer und Angst der Menschen von heute"[9] teilen und
im Horizont einer lebensbejahenden Spiritualität deuten?
Eine Spiritualität von unten ist anthropologisch angelegt.[10]
Sie geht von dem aus, was wir als menschlich erkennen,
und versucht dieses Menschliche tiefer und besser zu erfassen. Es ist eine *„Spiritualität aus Erde"*, die auf theologische

---

9 II. Vatikanisches Konzil, Pastoralkonstitution Gaudium et Spes über
 die Kirche in der Welt von heute, Nr. 1.
10 Das hier vorgelegte Konzept einer Spiritualität von unten geht erkennbar weiter als das von Anselm Grün und Meinrad Dufner. Zwar
 definieren sie Spiritualität von unten so, „dass Gott nicht nur in der
 Bibel und durch die Kirche zu uns spricht, sondern gerade auch durch
 uns selbst, durch unsere Gedanken und Gefühle, durch unseren Leib,
 durch unsere Träume und gerade auch durch unsere Wunden und
 unsere vermeintlichen Schwächen" (Anselm Grün/Meinrad Dufner 1994,7). Das kommt dem hier vorgeschlagenen Verständnis einer
 Spiritualität von unten sehr nahe. In ihrem gesamten Büchlein aber
 konzentrieren sich Grün und Dufner dann auf den letztgenannten
 Aspekt, die menschlichen Wunden und Schwächen. Diese Beschränkung ist grundsätzlich möglich und legitim, hätte aber ausdrücklich
 benannt und begründet werden sollen. Denn sie hat zur Folge, dass das
 Büchlein nur einen von vielen Aspekten einer Spiritualität von unten
 behandelt und keineswegs einen Gesamtentwurf, wie es der Buchtitel
 nahelegt.

Höhenflüge verzichtet und am Boden bleibt; die die traditionelle kirchliche Spiritualität von ihrem ideologischen Überbau befreit; die keine Verkleidung braucht, weil sie aus sich selbst heraus klar und verständlich ist. Denn sie ist Erde und nichts als Erde – und öffnet gerade als solche das Geheimnis des Himmels (vgl. Kapitel 3).[11]

Methodisch kann eine solche Spiritualität von unten nicht durch Deduktion gewonnen werden. Nicht durch Deduktion aus theistischen Dogmen wie der Lehre von der Dreifaltigkeit Gottes oder der Überzeugung von der Gottessohnschaft Jesu. Nicht durch Deduktion aus atheistischen Dogmen wie der Überzeugung vom Nichtvorhandensein eines Gottes. Auch nicht durch Deduktion aus agnostischen Dogmen wie der These von der prinzipiellen Unbeantwortbarkeit der grundlegendsten Menschheitsfragen. Methodisch kann eine Spiritualität von unten vielmehr nur durch Induktion gewonnen werden, durch Hineinführen in das gelebte Leben von Menschen und die darin aufscheinenden existenziellen Erfahrungen. Die deduktive Methode der katholischen Kirche, die es auch in vielen anderen Glaubens- oder Nichtglaubensgemeinschaften sowie in weltanschaulichen Bewegungen gibt, ist mit dem II. Vatikanischen Konzil an ihr Ende gekommen. Während sie in den frühen Dokumenten des Konzils noch zu finden ist, wird sie in den späten Dokumenten wie der schon zitierten Pastoralkonstitution oder der Erklärung über die Religionsfreiheit von der *induktiven Methode* abge-

---

11 Theologisch gesprochen ist eine Spiritualität aus Erde genau jene „Natur", die nach alter scholastischer Überzeugung von der „Gnade" vorausgesetzt wird und doch erst durch diese vollendet wird (Thomas von Aquin, summa theologiae I, quaestio 1, articulus 8 ad 2; I–II, quaestio 99, articulus 2 ad 2).

löst. Die Darlegungen in diesem Buch folgen dieser letzteren Methode. Sie gehen menschlichen Urerfahrungen auf den Grund und erschließen deren Tiefendimension, um daraus Orientierung für die praktische Lebensgestaltung zu gewinnen.

Eine solche induktiv entwickelte Spiritualität hat einen großen Vorteil: Sie ist *einfach*. „Einfach" nicht im Sinne von „anspruchslos" oder „leicht zu verwirklichen", sondern „einfach" im Sinne von „elementar" und „unkompliziert". In den 2000 Jahren ihrer Existenz haben die christlichen Kirchen das Glaubensgebäude und die spirituelle Praxis immer komplizierter und damit gegenwärtig sehr kompliziert gemacht. Meist haben sie additiv Neues hinzugefügt, ohne Altes wegzulassen. Das ist ein typisches Problem von Institutionen, allen voran des staatlichen Gesetzgebers. Immer mehr neue Gesetzesvorschriften werden geschrieben, ohne dass die alten gelöscht oder durchforstet würden. So entstehen ein immer größerer Dschungel an Bürokratie und ein Zustand der Hyperkomplexität. Großprojekte ersticken in der Fülle solcher Normen, die sich zum Teil nicht miteinander umsetzen lassen, aber doch alle gelten. In manchem erinnert die Kirche an einen solchen undurchdringlichen Dschungel aus dogmatischen, ethischen und spirituellen Vorschriften. Je für sich genommen steht am Ursprung fast jeder dieser Vorschriften eine berechtigte Überlegung. Als Gesamtkomplex aber schrecken sie ab, verwirren und frustrieren. Die Lösung dieser Hyperkomplexität ist jedoch nicht spiritueller Populismus, der alle Regeln über den Haufen wirft und nach der Rückeroberung individueller Kontrolle ruft („take control back!"), sondern eine reflektierte *Elementarisierung der Spiritualität*: Es geht um ein „Zurück zu den Wurzeln" und um die Beschränkung auf wenige, anthropologisch grundlegende, aber durchaus anspruchsvolle Impulse und Praktiken, die die unverzichtbaren Grundelemente einer „Spiritualität von unten" sind. Es geht um den Kern einer humanen, aus echter Innerlichkeit genährten Spiritualität.

Ich selber habe das meiste, was ich hier beschreibe, zuerst und am intensivsten im Christentum katholischer Färbung entdeckt. Das hat mit meiner Biografie zu tun. Ich bin Christ, und zwar aus Überzeugung. Aber ich wertschätze, was ich in der Lebenspraxis von Glaubenden aller Religionen und von Nichtglaubenden aller Weltanschauungen an Spiritualität finde. Zunehmend mehr sehe ich das Gemeinsame, das viel tiefer wurzelt als das Unterscheidende. Mich verbindet deutlich mehr mit spirituellen, innerlich gelassenen und gesellschaftlich engagierten AtheistInnen wie André Comte-Sponville als mit gleichgültigen oder ideologisch verbohrten ChristInnen, die beide auf je andere Weise nur das eigene Ich sehen. Hier öffnet sich ein Weg der *„Ökumene des Geistes"*, die die wirklich spirituellen Menschen in großer innerer Freiheit verbindet, aber gegenüber Gleichgültigkeit auf der einen und Intoleranz auf der anderen Seite wehrhaft ist. Ich lade alle Menschen, die den Geschehnissen ihres Lebens auf den Grund gehen wollen, ein, sich mit mir auf die Spur dieser Ökumene des Geistes zu begeben. Gemeinsam mit André Comte-Sponville, aber von einer anderen Richtung kommend, frage ich sie und lasse mich umgekehrt von ihnen befragen: „Woraus lebst du?"

2. Sich von einem Spirit formen lassen. Zum Verständnis von Spiritualität

Heutzutage trägt alles Mögliche den Namen „Spirit": Flugzeuge und Schiffe, Autos und Lokomotiven, Musikalben und Kunstfiguren. „Spirit" hat einen positiven Klang und signalisiert etwas Originelles, Wesentliches und Orientierung Gebendes. André Comte-Sponville spricht vom „Esprit", der als eingedeutschtes Wort im Duden als auffällige Eigenschaft einer Person definiert wird: „geistvoll-brillante, vor Geist und Witz sprühende Art."[12]Alle genannten Beispiele haben gemeinsam, dass es um den „Geist" einer individuellen Sache, Person oder Institution geht – ganz im Gegensatz zum Gebrauch des Wortes „Geist" ohne Nennung eines individuellen Trägers etwa in der Philosophie des Geistes. Der „Geist von jemandem" ist das, was einen einzelnen Menschen im Innersten erfüllt, aber auch der Kern von Regeln und Regelsystemen und damit von Organisationen, in denen sich Menschen auf der Basis eines Regelwerks zusammenschließen. Er gibt seinem Träger eine unverwechselbare Besonderheit und eine klare Prägung. Wir sprechen vom „Geist" einer Schule, eines Krankenhauses oder eines Teams. Oft wird dieser Geist mehr beschworen, als dass er wirklich vorhanden wäre. Aber auch dann wird er als notwendig erkannt und anerkannt. Denn der Geist zeigt den beabsichtigten Sinn, die Richtung und die Dynamik eines

---

12 https://www.duden.de/rechtschreibung/Esprit

Ganzen an. Es braucht diesen Geist, denn: „Der Buchstabe tötet, der Geist aber macht lebendig" (2 Kor 3,6).

Mitunter wird dieser Geist in einem Wahlspruch oder Leitspruch ausgedrückt. Für Jesus von Nazaret war dieser Leitspruch beispielsweise: „Das Reich Gottes ist nahe!" (Mk 1,14); ein Satz, der viel von seiner positiven, zuversichtlichen Weltsicht verrät. Die Elisabethinen Linz – Wien und ihre Einrichtungen verweisen auf den Wahlspruch ihrer Gründerin „In Fröhlichkeit den Menschen dienen". Außenstehende sprechen oft vom „Liesl-Geist", der sich in diesem Satz manifestiere. Man kann also den „Spirit" einer Institution oder einer Person gut in einem einzigen Satz zusammenfassen. Außenstehende können dann bestätigen: Ja, das ist wirklich typisch für ihn oder sie.

„Spirit", „Esprit" und „Geist" kommen in den genannten Kontexten dem nahe, was im *Begriff Spiritualität* angesprochen ist. Sein Gebrauch außerhalb des frankophonen Sprachraums ist noch relativ jung. Erst in den 1960er und 1970er Jahren wurde er aus dem Französischen in andere Sprachen übertragen. Historisch steht seine weltweite Verwendung für den kirchlichen Aufbruch in der Zeit des II. Vatikanischen Konzils. Das Konzil hat das französische „spiritualité" globalisiert und in den Kontext einer dialogoffenen Begegnung mit der ganzen Welt gestellt. „Spiritualität" ist von diesem historischen Ursprung her auf interkulturellen und interreligiösen Dialog orientiert.

Etymologisch steht am Ursprung die lateinische Wurzel „spiritualitas", die bereits in frühchristlichen Schriften verwendet wird, gehäuft erstmals bei Tertullian (150–220, Karthago). „Spiritualitas" ist vom Adjektiv „spiritalis" abgeleitet – einem frühchristlichen Neologismus zur Über-

setzung des neutestamentlichen Begriffs „pneumatikos"
(πνευματικός), geistlich (fünfzehn Mal bei Paulus, bes.
1 Kor 2,10–3,3; fünf Mal im Epheser- und Kolosserbrief
und zwei Mal im ersten Petrusbrief). Diesen wiederum
setzt Paulus dem Begriff „sarkikos" (σαρκικός), fleischlich, entgegen: Fleischlich ist jemand, der sich völlig im
Diesseits verschließt, geistlich der, der sich dem Wirken
des Heiligen Geistes öffnet. Fleischlich ist jemand, der
an der materiellen Oberfläche der Dinge und Geschehnisse hängen bleibt, geistlich derjenige, der sich unter die
Oberfläche begibt und in das Geheimnis der Dinge und
Geschehnisse eintaucht.

In den letzten Jahrzehnten ist der Begriff „Spiritualität"
ein globales Modewort geworden – mit dem Nachteil, dass
er sehr schillernd verwendet wird. So definiert ihn André
Comte-Sponville folgendermaßen: „Was ist Spiritualität?
Es ist unsere endliche Beziehung zum Unendlichen oder
Unermesslichen, unsere zeitliche Erfahrung der Ewigkeit,
unser relativer Zugang zum Absoluten."[13] Diese Definition trifft sicher viel Richtiges, bleibt aber sehr poetisch
und damit relativ unscharf. Für meine Religionen und
Weltanschauungen übergreifende, sehr offene *Definition
von Spiritualität* möchte ich drei Elemente vorschlagen:

1) Spiritualität ist *Leben aus dem Geist:* aus dem, was einem
   geschenkt wird, was einem unverdient zukommt, was
   man nicht selber gemacht oder verdient hat und was
   doch alles Gemachte und Verdiente übertrifft. Insofern
   umfasst Spiritualität immer eine passive Komponente.
   Sie ist die Bereitschaft, etwas geschehen zu lassen, was

---

13 André Comte-Sponville 2008, 240.

man nicht steuert, nicht unter Kontrolle hat, nicht „macht" oder managt. Sie ist die Offenheit, sich hinzugeben, fallen zu lassen und sich einer fremden, größeren Dynamik anzuvertrauen; einer Dynamik, die trägt, die aber nur als tragende erlebt werden kann, wenn man sich ihr anvertraut.

2) Spiritualität ist *Leben im Umgang mit der Wirklichkeit*. Weltferne oder Enthobensein von der Wirklichkeit ist kein Merkmal authentischer Spiritualität. Vielmehr wird diese gerade *in* der alltäglichen Wirklichkeit das unverdient Geschenkte zu entdecken suchen. Spirituell leben heißt „sich dem Leben öffnen, dem Wirklichen, allem"[14]. Spiritualität deutet die „Zeichen der Zeit"[15] – im persönlichen Leben ebenso wie in den großen gesellschaftlichen Vorgängen. Nichts in dieser Welt ist von einem spirituellen Umgang prinzipiell ausgeschlossen. Spiritualität meint also eine bestimmte Form der Wahr-Nehmung der je geschichtlich vorfindbaren Situation, und zwar in der doppelten Bedeutung des Wahrnehmens als Erkennen und als Wahrnehmen von Verantwortung. Spiritualität sieht die Wirklichkeit umfassender, begreift aber auch den je eigenen Auftrag und die je eigene Möglichkeit, diese Wirklichkeit mitzugestalten.

3) Spiritualität meint eine *konkrete Gestalt*[16] des geistvollen Umgangs mit der Wirklichkeit: Sie ist mehr als nur eine innere Grundhaltung, etwa der Hingabe, des gläubigen Vertrauens oder der Hoffnung. Sie umfasst diese,

---

14 Ebd., 235.
15 II. Vatikanisches Konzil, Pastoralkonstitution Gaudium et Spes über die Kirche in der Welt von heute, Nr. 4.
16 Bernhard Fraling 1970, 193.

schließt aber einen konkreten Ausdruck dieser Haltung ein, ist also „fleischgewordene", in einem Lebensstil gelebte Grundhaltung. Spiritualität umfasst körperliche Ausdrucksformen ebenso wie Rituale, Texte ebenso wie Kunstwerke. Sie erfasst den ganzen Menschen mit Leib und Seele. Zugleich müssen ihre verschiedenen Ausdrucksformen zu einem schlüssigen Ganzen, eben zu einer „Gestalt", wie das die Gestaltpsychologie definiert, zusammengefügt werden. Spiritualität ist kein Patchwork, kein synkretistisches Gebilde, das unkritisch und unreflektiert beliebige Elemente verschiedener Religionen und Weltanschauungen in einen Topf wirft, sondern das diese überlegt und organisch zu einem stimmigen Ganzen verbindet. Es ist durchaus möglich, Elemente anderer religiöser und weltanschaulicher Traditionen aufzugreifen. Aber es ist ein anspruchsvoller und keineswegs trivialer Prozess, sie so in einem größeren Ganzen zu verbinden, dass sie einander wechselseitig befruchten und ergänzen.[17] Spiritualität als Gestalt ist ein Kunstwerk, und selbst viele Amtsträger und Amtsträgerinnen in den Religionen sind damit überfordert, dieses Kunstwerk als solches zu verstehen, geschweige denn es kreativ weiterzuentwickeln. Denn für seine Weiterentwicklung gilt nochmals in verschärfter Weise das im ersten Punkt der Definition Gesagte: Die Verbindung von spirituellen Elementen verschiedener Traditionen kann nicht im Hauruckverfahren gemacht

---

17 Genau das ist die Kernaussage jenes Dokuments, in dem die Glaubenskongregation der römisch-katholischen Kirche sich zur Frage äußert, ob fernöstliche Meditationspraktiken in eine christliche Glaubenspraxis integriert werden könnten. Siehe: Kongregation für die Glaubenslehre 1989.

und beschlossen werden. Sie muss organisch wachsen und braucht viel Zeit.

Aus diesen drei Komponenten lässt sich nun die Definition von Spiritualität in einem Satz zusammenfassen: *Spiritualität ist eine konkrete, stimmige Gestalt des geistvollen Umgangs mit der Wirklichkeit.* So gesehen markiert jede Spiritualität, auch eine „Spiritualität ohne Gott" (!), einen „Glaubens"-Standpunkt in unserer pluralen Welt. Denn sie ist notwendig von Überzeugungen getragen, die den jeweiligen Menschen absolut beanspruchen. Diese mögen pointiert und dezidiert vertreten werden, sie bleiben *rechtfertigungspflichtig* (!). Zugleich werden sie gerade so, nämlich als dezidiert vertretene Überzeugungen, *rechtfertigungsfähig* gegenüber Menschen anderer Religion oder Weltanschauung, aber auch zwischen Menschen desselben Glaubens oder derselben Weltanschauung – sei es, um strittige Fragen zu klären, sei es, um diese Spiritualität weiterzugeben. Dazu muss der durch eine Spiritualität markierte Glaubensstandpunkt freilich vernunftmäßig erschlossen und plausibel dargestellt werden. Denn die Vernunft ist in der Moderne die anerkannte Basis jeden Dialogs. Eine Spiritualität, die behauptet, über sie könne man nicht reden oder sie lasse sich nicht annähernd rational erfassen, verweigert den Dialog und verspielt die Möglichkeit ihrer Anerkennung. Es stimmt schon, Spiritualität geht nicht in rationalen Erkenntnissen oder Sätzen auf. Doch sie muss sich der Kritik des Verstandes stellen und sich ihm gegenüber bewähren.

ÜBUNG: Suche nach dem eigenen Spirit

Was ist dein „Esprit", dein „Spirit", der dich trägt und prägt?

Entdecke zu diesem Zweck, welche Eigenschaften und Haltungen dich zu der Person machen, die du bist – im Guten wie im weniger Guten! Schreibe diese Eigenschaften auf und überlege, welche davon du als dein „Markenzeichen" ansiehst, als das ganz Besondere an dir! Frage dich auch, mit welchen Schattenseiten du an dir selber umgehen musst, und prüfe, ob du sie bescheiden annehmen kannst!

Gibt es so etwas wie ein „Lebensmotto", einen einzelnen Satz, in dem sich dein „Spirit" ausdrücken lässt? Was wäre dein Wahlspruch, den du auf einer Homepage über deine Person ganz oben hinsetzen würdest? Welche Erfahrungen verbindest du mit diesem Wahlspruch? Welche Hoffnungen, Sehnsüchte, Wünsche?

Wie reflektierst du deinen „Spirit"? Bei welchen Gelegenheiten, an welchen Orten nimmst du dir Zeit, über dich, Gott und die Welt nachzudenken? Schreibst du womöglich einige Ergebnisse deines Nachdenkens auf? Und mit wem tauschst du dich über deinen „Spirit" aus? Wer ist für dich so vertraut, dass du ihm oder ihr auch dein innerstes Geheimnis ein wenig zeigen kannst?

3. Das Geheimnis schmecken.
Wahrnehmungslehre der Spiritualität

Spiritualität zielt, so haben wir gesehen, auf eine andere, tiefere Wahrnehmung von Wirklichkeit. Sie möchte die Tiefendimension des Lebens erschließen – man könnte auch sagen: ihr Geheimnis. Wie aber können wir uns dem Geheimnis nähern? Gibt es ein solches überhaupt? Darum soll es in diesem Kapitel gehen. Es stellt so etwas wie eine Erkenntnistheorie oder Wahrnehmungslehre der Spiritualität dar.

3.1 Eintauchen.
Dem Geheimnis auf die Spur kommen

„Das Geheimnis ist in der Welt am größten im Geist, wenn er eine Frage stellt oder sich über das Alltägliche erhebt. Welches Geheimnis? Das Geheimnis des Seins, das Geheimnis des großen Ganzen."[18] Auf die Spur dieses Geheimnisses begibt sich der spirituelle Mensch – durch beharrliches Fragen und Suchen, durch geduldiges Eindringen in das Innere der alltäglichen Vorgänge und Erlebnisse. Denn, das ist die Grundthese jeder (!) Spiritualität, alle Dinge und Geschehnisse haben eine *Bedeutung*

---

18 André Comte-Sponville 2008, 167. In der deutschen Übersetzung steht für das französische „mystère" das aus dem Lateinischen entlehnte „Mysterium". Ich habe es durch das deutsche „Geheimnis" ersetzt, wie es die seit Martin Luther übliche Übersetzung des griechischen Begriffs mysterion (μυστήριον) ist.

über ihre bloße Funktion hinaus. Sie verweisen auf einen größeren Zusammenhang, und zwar nicht nur für gottgläubige Menschen: „Entweder Gott existiert, dann ist alles von Bedeutung; oder Gott existiert nicht, dann ist alles von Bedeutung."[19] Spiritualität setzt also die Überzeugung voraus, dass alles, was geschieht, Bedeutung hat, mit oder ohne Gott, und dass es darum geht, sich dieser Bedeutung vorsichtig und respektvoll anzunähern. Den Kern dieser Bedeutung bezeichnet André Comte-Sponville in guter christlicher Tradition als „Geheimnis".

Was meint die Rede vom *Geheimnis*? Ist sie nicht nur eine Verschleierung der Absurdität des Daseins? Verkörpert sie nicht einfach den Versuch, das Unerträgliche des Lebens erträglich(er) zu machen? Das mag zwar ein mehr oder weniger erwünschter Nebeneffekt sein, ist aber nicht das eigentliche Ziel. Denn der Ursprung der Rede vom Geheimnis liegt nicht in den schrecklichen, sondern in den wunderschönen und im positiven Sinne überwältigenden Glückserfahrungen des Lebens. Wer das Geheimnis wahrnimmt, kann nicht anders als staunen. Und dieses Staunen ist existenziell betrachtet wichtiger als jedes Erkennen.

Das I. Vatikanische Konzil unterscheidet 1870 in seiner Dogmatischen Konstitution „Dei Filius" zwei Arten menschlicher Erkenntnis: die naturwissenschaftliche Erkenntnis im Bereich der Fragen nach Ursachen und Wirkungen, die ein „Durchschauen der Wahrheiten" ermöglicht; und die geisteswissenschaftliche Erkenntnis im Bereich der Fragen nach Wesen und Bestimmung des Menschen, die ein „Durchschauen der Wahrheiten" nie

---

19 André Comte-Sponville 2008, 238.

erreicht, dafür aber ins Staunen führt. „Denn die göttlichen Geheimnisse … bleiben mit dem Schleier des Glaubens selbst bedeckt und gleichsam von einem gewissen Dunkel umhüllt."[20]

Erkenntnistheoretisch hat diese Unterscheidung zweier Erkenntnisweisen ihren Grund im je unterschiedlichen Standort der erkennenden Person und der zu diesem Standort gehörenden Perspektive. Naturwissenschaft nimmt nach ihrem eigenen Selbstverständnis die Position eines unbeteiligten Beobachters ein, der ein Geschehen von außen analysiert, an dem er selber im Idealfall völlig unbeteiligt ist. Geisteswissenschaft hingegen nimmt die Position eines beteiligten Teilnehmers ein, der mitten im Geschehen steht und sich fragt, wie er damit umgehen soll. Das sind zwei völlig unterschiedliche Wahrnehmungsweisen der Wirklichkeit. Beide sind hilfreich und wertvoll, auf keine der beiden können wir verzichten. Aber wer aus der Perspektive des beteiligten Teilnehmers fragt, wie er mit seiner aktuellen Situation umgehen soll, kann nicht „hinter sich selbst" schauen. Denn dadurch, dass er sich selber und sein Leben betrachtet, verändert er sich permanent – und sieht sich selber schon im nächsten Moment anders als einen Moment zuvor.[21] Das ist – nüchtern erkenntnistheoretisch beschrieben – der Grund, warum es ein Geheimnis des Lebens gibt und immer geben wird (sogar in der Ewigkeit, wenn es denn eine gibt!).

---

20 Denzinger-Hünermann Nr. 3016.
21 Das beste Beispiel für die Selbstveränderung durch Selbstbeobachtung sind Umfragen vor Wahlen. Sobald eine Umfrage veröffentlicht wird, ändern einige Wählerinnen und Wähler ihre Meinung und wählen eine andere Partei. Die Umfrageergebnisse stimmen damit nicht mehr – selbst wenn sie im Moment ihrer Feststellung absolut richtig waren.

Um es an einem Beispiel deutlich zu machen: Ein Kind entdeckt auf seiner Hand einen Marienkäfer. Der Vater oder die Mutter neben ihm denkt sofort an die Nützlichkeit des Käfers, der Blattläuse frisst. Das wäre die Dritte-Person-Perspektive des unbeteiligten Beobachters. Sie ist wichtig für unser Arbeiten, Wirtschaften und vieles mehr. Das Kind aber ist einfach im Staunen gefangen. Die Schönheit und Lebendigkeit dieses kleinen Wesens rührt es an. Das ist die Erste-Person-Perspektive des betroffenen Teilnehmers. Erst in dieser Perspektive kommen wir an das „Eigentliche" unseres Lebens, das, was uns erfüllt und glücklich macht. Erst in dieser Perspektive rühren wir an das Geheimnis des Lebens.

Jeder Mensch ist und bleibt sich selbst und anderen ein Leben lang ein Geheimnis – sein Leben ist ihm permanent eine Frage, deren letzte Antwort er nicht ergründen kann.[22] Der Grund der menschlichen Person ist ein unauslotbarer Abgrund. Damit steht der Mensch aber immer und unausweichlich vor der Frage, ob er sich dem Geheimnis seines Lebens stellen kann oder ob er vor ihm davonläuft; ob er sich ihm anvertrauen kann oder ob er gegen es ankämpft; ob er sich fallen lassen kann und erfährt, dass das Geheimnis in der Lage ist, ihn zu tragen, oder ob er sich ängstlich verkrampft und sich dieser Erfahrung verschließt; ob er im Geheimnis daheim ist und Heimat findet oder ob es ihm dauerhaft fremd und bedrohlich bleibt.

Ein Geheimnis hat – solange es nicht zum angstbesetzten, zerstörerischen Tabu wird, sondern Freiheit, Ehrfurcht und Demut atmet – etwas Bergendes, Schützendes.

---

22 Karl Rahner 1967, 192.

Im Geheimnis kann ein Mensch daheim sein und Vertrauen in die Gutheit seines Lebens finden. Genau darum geht es wohl verstanden in der Spiritualität. Spiritualität will beheimaten, bergen, wärmen und behüten, um die Grundlage zur verantwortlichen Gestaltung der Welt zu legen. Doch tut sie das recht verstanden weder, indem sie Gott und die Welt durchschaut und für alles eine glatte Antwort bietet, noch, indem sie Gott und die Welt mit Angst besetzt und mit Denkverboten belegt. Vielmehr nähert sie sich nüchtern, aber auch scheu und mit größter Behutsamkeit dem Geheimnis. In spiritueller Sicht wird das Geheimnis des Lebens immer größer, je mehr man sich ihm nähert, nie kleiner – aber gerade dadurch immer wunderbarer und befreiender. Der Mensch braucht nicht alles durchschauen und verstehen. Er darf sich in das Geheimnis fallen lassen.

„Geheimnis" meint also die Innenseite der Wirklichkeit, die sich dem menschlichen Zugriff entzieht und doch zugleich beheimatender und tragender Grund dieser Wirklichkeit ist. Gottglaubende werden ihren Gott als das Geheimnis der Welt bekennen. Damit nehmen sie die Last auf sich, stets daran zu denken, dass Gott ein Geheimnis bleibt und keineswegs erklärbar oder verstehbar geworden ist. Für nicht an Gott Glaubende bleibt das Geheimnis als solches stehen. Das ist einerseits einfacher, weil die Gefahr der Trivialisierung des Geheimnisses geringer ist, andererseits herausfordernder, weil man das Geheimnis nicht aus den Augen verlieren darf. Beide aber, an Gott Glaubende und nicht Glaubende, verbindet, wenn sie spirituell leben, der beständige vertraute Umgang mit dem Geheimnis und das immer tiefere Hineinwachsen in dieses. Beide tauchen ein in eine tiefere Wirklichkeit.

3.2 In die goldene Frucht der Welt beißen.
Mit allen Sinnen (er-)leben

„Sehen! Auf dieser Erde sehen! – Wie könnte man diese
Lehre vergessen? Bei den Eleusinischen Mysterien ge-
nügte es, nach innen zu schauen. Ich aber weiß hier und
jetzt, dass ich nie nahe genug an die Dinge der Welt he-
rankommen werde. Nackt muss ich sein und muss dann,
mit allen Gerüchen der Erde behaftet, ins Meer tauchen,
mich reinigen in seinem Salzwasser und auf meiner Haut
die Umarmung von Meer und Erde empfinden, nach der
beide so lange schon verlangen … Zurückgekehrt an den
Strand, werfe ich mich in den Sand, gebe mich der Erde
hin, fühle aufs Neue das Gewicht meines Fleisches und
meiner Knochen …"[23]

Mit diesen Worten, die zu den schönsten seines großen literarischen Werks gehören, schildert Albert Camus
(1913, Mondovi, *Französisch-Nordafrika*, heute Dréan, *Al-
gerien*–1960, nahe Villeblevin, *Frankreich*) seine Methode
der Meditation: Er geht an den algerischen Strand, ent-
kleidet sich und springt ins Wasser. Auf seiner gesamten
Körperoberfläche spürt er das Wasser, und später, wieder am
Strand, die Erde und den Sand. Es ist eine *Meditation mit allen
Sinnen*, die in die vielfältigen Reize der Natur eintauchen
und darin gedankenverloren versinken. Ganz hingegeben,
ganz aufmerksam. Für Camus ist das eine säkulare Form
der Religiosität: „Wer in Tipasa sagt ‚ich sehe', sagt auch
‚ich glaube'; und warum sollte ich verleugnen, was meine
Hände berühren und meine Lippen liebkosen können!"[24]

---

23 Albert Camus 2013, 13.
24 Ebd., 16.

Diese „Meditation ohne Gott", aber mit allen Sinnen, führt Camus zu einer ungeahnten Verbundenheit mit allem Seienden: „Meer, Land, Stille und die Gerüche dieser Erde – ich trank ihren Duft und ihren Atem und biss in die goldene Frucht der Welt und fühlte erschauernd ihren starken süßen Duft mir über die Lippen laufen. Nein, ich zählte nicht, noch die Welt; nur die schweigsame Eintracht unserer Liebe galt."[25] Und er schließt: „Nie habe ich in einem solchen Maße beides zugleich, meine eigene Auflösung und mein Vorhandensein in der Welt, empfunden."[26]

Zur Spiritualität gehört ein ganzheitliches „Spüren und Verkosten der Dinge von innen her"[27], so dass in ihnen und durch sie hindurch das Geheimnis des Lebens erahnt und berührt werden kann. Ignatius von Loyola (1491, Loyola–1556, Rom) nennt diese Form der Betrachtung gleichbedeutend Kontemplation und Meditation. Um sie zu beginnen, braucht es den „Aufbau des Schauplatzes"[28]. Dabei geht es um die vorbereitende *Herstellung eines Wahrnehmungsraumes für alle fünf Sinne*. Dieser Wahrnehmungsraum kann ein realer sein, etwa wenn eine biblische Erzählung oder eine Begebenheit aus dem eigenen Leben betrachtet wird. Doch auch wenn es um die Betrachtung abstrakter Wirklichkeiten wie des Bösen oder der Sünde an sich geht, muss der oder die Betrachtende sich einen „Schauplatz" aufbauen – dann eben einen fiktionalen.[29]

---

25 Ebd., 18.
26 Ebd., 23.
27 Ignatius von Loyola, Geistliche Übungen Nr. 2.
28 Ebd., Nr. 47; 49.
29 Ebd., Nr. 47.

Der „Aufbau des Schauplatzes" dient dem Betrachtenden zur „*Anwendung der Sinne*"[30]. Diese soll nach Ignatius dadurch intensiviert werden, dass die Sinne nicht gleichzeitig, sondern einzeln und nacheinander auf einen Betrachtungsgegenstand angewandt werden. Damit ist sichergestellt, dass die meditierende Person keinen der fünf Sinne übergeht. Sie soll mit all ihren geistigen Kräften und mit all ihrer Phantasie einmal nur sehen, dann nur hören, dann ausschließlich riechen, dann nur schmecken und schließlich nur tasten.[31] So konzentriert sich die gesamte Aufmerksamkeit auf einen einzigen Sinn und kann seinen Wahrnehmungen viel mehr Beachtung schenken.

Die ignatianische Methode der „Anwendung der Sinne" steht Camus' Meditation mit allen Sinnen sehr nahe. Der Unterschied liegt darin, dass Camus nur die realen Sinneswahrnehmungen reflektiert, während Ignatius reale ebenso wie virtuelle Sinneswahrnehmungen zur Meditation anbietet. Es ist großartig, die Meeresluft real und unmittelbar auf der eigenen Haut zu spüren, wie Camus das beschreibt. Aber es kann (fast) ebenso großartig sein, sich diese Sinneswahrnehmung beim Lesen von Camus' Buch vorzustellen und sie nachzuempfinden. Natürlich ist es schwer, sich in die Beschreibung Camus' hineinzuver

---

30 Ebd., Nr. 65–72; 121–126.
31 Ignatius kennt drei Weisen zu beten (Ignatius von Loyola, Geistliche Übungen Nr. 238–260): die Betrachtung eines Schrifttextes oder eines Gebets Wort für Wort, indem der Betende zu jedem Wort so lange Assoziationen sucht, wie ihm solche einfallen; das Achten auf den Atem unter gleichzeitigem Beten eines einzigen Wortes (eine gewisse Variation des Ruhe-Gebets der Ostkirchen); und das Beten durch Aufbau des Schauplatzes und Anwendung der Sinne. Dabei wird bei einer Gesamtsicht auf die Geistlichen Übungen sofort klar, dass die letztgenannte Gebetsweise für ihn Priorität genießt.

setzen, wenn man noch nie am Meer war. Aber wenn man schon einmal real einen Tag am Strand zugebracht hat, muss die virtuelle Vorstellung daheim in den eigenen vier Wänden nicht unbedingt dahinter zurückbleiben. Sie kann die reale „Urerfahrung" in der virtuellen Wiederholung verstärken und intensivieren. Und mitunter mag die virtuelle Sinneswahrnehmung sogar intensiver sein als die reale – weil ablenkende Sinneseindrücke im Medium bereits ausgeblendet sind und sich der erlebende Mensch ganz auf die gewünschten Eindrücke konzentrieren kann.

Was Ignatius in der Spiritualitätsgeschichte auf einzigartige Weise betont, birgt eine tiefe Erfahrung: Spiritualität geschieht ganzheitlich, braucht alle Kräfte und Möglichkeiten des menschlichen Existenzvollzugs. Die Sinne sind Türen, durch die der Mensch sich dem Geheimnis des Lebens nähern kann. Denn dieses Geheimnis erschließt sich nicht abgehoben von den irdischen Dingen, sondern in ihnen und durch sie hindurch.

Diese Einsicht ist in fast allen Religionen und Weltanschauungen auch bestritten worden. So hat das Einsickern des Neuplatonismus in das frühe Christentum die sinnenhaften Elemente christlicher Spiritualität mindestens auf theoretischer Ebene stark in Frage gestellt. Doch gegen die sinnenfreudige Volksfrömmigkeit konnte sich diese Theorie auf Dauer nicht durchsetzen. Das „Glaubensgespür" (sensus fidei) der Menschen war zu stark. Nur in der reformatorischen Tradition kam es zu einer nachhaltigen Zurückdrängung des Sinnlichen. Doch auch hier kehrt man im Zeitalter des Ökumenismus allmählich zu einer ganzheitlichen Sicht der Spiritualität zurück. Analog gab oder gibt es in vielen anderen Religionen Auseinandersetzungen über den Wert oder Unwert der Sinne. Manche halten oder hielten sie für hinderlich auf dem Weg zu den ewigen Ideen. Ich möchte hingegen wie Ignatius behaupten, dass eine wirkliche Spiritualität als geistvoller Umgang mit der Wirklichkeit ohne die Sinne nicht auskommt.

Das Programm einer Schulung der Sinne ist höchst anspruchsvoll. Es kann bedeuten, mit dem Geschmackssinn ein seltenes Gewürz aus einer Speise herauszuschmecken oder bei einer Blindverkostung die Rebsorte eines Weines zu erkennen. Es kann meinen, in einer riesigen Menschenmenge die Stimme seines eigenen Kindes zu hören oder in einem großen Orchester ein einzelnes Instrument. Es kann heißen, in einem dicht belaubten Baum den Vogel zu entdecken, der dort singt, oder in einem Gemälde ein winziges Detail wahrzunehmen.

Die Schulung der Sinne ist einerseits eine Gabe. Denn wer keine guten Augen hat, wird schnell an Grenzen seines Sehsinns stoßen. Und wer auf Grund organischer Mängel schlecht hört, kann viele Geräusche und Stimmen nicht wahrnehmen. Mit zunehmendem Alter nimmt die Kraft der Sinne ab – bis hin zum Geschmackssinn, der bei alten Menschen oft nur noch auf süße Geschmacksrichtungen reagiert. Aber die Schulung der Sinne ist auch eine Aufgabe. Im Kindes- und Jugendalter erweitern sich die Möglichkeiten der Sinneswahrnehmung rasend schnell – nicht, weil die Sinnesorgane besser würden, sondern weil das Gehirn die eingehenden Informationen differenzierter und präziser verarbeiten lernt. Und Menschen, bei denen ein Sinnesorgan zerstört ist, können oft einen Großteil von dessen Leistung durch die größere Aufmerksamkeit auf die anderen Sinnesorgane kompensieren. Erblindete „sehen" einen Raum durch die ungeheuer präzise Wahr-

nehmung von Geräuschen und Luftbewegungen. Taub-
gewordene „hören" die Geräusche der fahrenden Autos,
die sie sehen, oder die Musik einer Partitur, die sie lesen.
Sinneswahrnehmungen spielen sich zu einem großen Teil
im Gehirn ab.

Sinneswahrnehmungen sind Türen zur Innenseite
der Wirklichkeit. Sie haben das Potenzial, uns durch die
Oberfläche der Dinge und Geschehnisse durchstoßen zu
lassen und deren Innenseite wahrzunehmen. Spiritualität
ist ohne die Schulung der Sinne nicht möglich.

ÜBUNG: Einübung der Sinne

Draußen in der Natur: *Schau* in die Natur und entdecke all ihre Farben und Formen – der Landschaft, der einzelnen Pflanzen, der Tiere. Schließe zwischendurch immer wieder die Augen und schau beim Öffnen noch genauer hin. *Höre* auf die vielfältigen Geräusche in der Natur – das Singen der Vögel, das Rauschen der Bäume, das Plätschern eines Bachs, die Stille. *Rieche* die vielfältigen Düfte in der Natur – das Harz oder die Rinde der Bäume, den betörenden Duft der Blumen, den Geruch feuchter Erde. *Schmecke* den Salzgehalt der Luft am Meer, den Geschmack wilder oder kultivierter Früchte, die Frische klaren Quellwassers. *Taste* die Berührungen deines Körpers durch die Natur – die Rinde eines Baumes mit den Händen, das Wehen des Windes im Gesicht, den weichen Boden einer Wiese oder eines Sandstrands unter den Füßen.

Zuhause an einem guten Ort zur Meditation: *Schau* auf ein Bild, das dir heilig ist, oder auf eine brennende Kerze. *Höre* meditative Musik oder den eigenen Gesang, eine Klangschale oder eine Glocke. *Rieche* den Duft des Weihrauchs oder einer Duftkerze. *Schmecke* eine einfache Speise, die du in Stille und mit Andacht verzehrst, oder, wenn du einen Zugang zur südeuropäischen Mentalität hast, den Kuss eines dir heiligen Buchs oder Bilds. *Taste* die Berührung eines Mitmenschen, der dir die Hände auf den Kopf legt oder deine Handflächen mit einem guten Öl salbt, oder erspüre mit geschlossenen Augen deine nach oben geöffneten Hände, die bereit sind zu empfangen.

Zuhause bei der Lektüre eines dir heiligen Textes: Versuche, dir die Erzählung mit allen Sinnen und all deiner Phantasie so intensiv wie möglich vorzustellen. Gehe dabei die fünf Sinne einzeln und nacheinander durch. Wo die Erzählung dir für einen Sinn keine Anhaltspunkte liefert, kannst du frei jene Eindrücke assoziieren, die dir plausibel erscheinen.

3.3 Ans klopfende Herz der Welt gelangen. Das Geheimnis verkosten

Das Geheimnis ist gleichsam die „Innenseite" des Lebens und aller Ereignisse. Es wahrzunehmen erfordert ein Durchdringen der äußeren Ereignisse und einen „Blick" auf diese Innenseite. Deren Wahrnehmung vollzieht sich zu einem großen Teil, wenn auch nicht ausschließlich, über das Fühlen. Ein Geheimnis wird nicht rational analysiert, sondern erfühlt und bestaunt. Ihm wird vertraut und sich hingegeben. Aus skeptischer Distanz ist es nicht zugänglich.

Das ist ein entscheidender Gedanke: Die „Innenseite" der Wirklichkeit ist nicht primär rational erfassbar, sondern weit mehr über Emotionen zugänglich. Ja man könnte sogar sagen: Die Emotionen *sind* die Innenseite der Wirklichkeit. Denn es sind die Gefühle, in denen sich die grundlegenden Wert- und Sinnerfahrungen von Menschen speichern und abbilden, wie die jüngere Hirnforschung eindrucksvoll gezeigt hat.[32] Gefühle sind Abbildungen von Körperzuständen im Gehirn. Die Körperzustände selbst (Kopfschmerzen, Bauchweh und Anspannung, aber auch Lockerheit, Entspanntheit, Beschwingtheit usw.) nennt Antonio Damasio hingegen Emotionen. Emotionen sind „somatische Marker", also „Körpersignale", die im Wahrnehmungs- und Entscheidungsprozess denkbare Handlungsmöglichkeiten vorsortieren und die weniger aussichtsreichen bereits vor einer rationalen Abwägung ausschalten.[33] So lenken

---

32 Antonio R. Damasio 1999[4], 227–273.
33 Ebd., 238.

Emotionen und ihre Abbildung im Gehirn die Aufmerksamkeit des Denkens auf wenige, aussichtsreiche Handlungsmöglichkeiten, indem sie diese emotional positiv verstärken. Insgesamt handelt es sich also bei dem System, das die Emotionen im Körper erzeugt und im Gehirn als Gefühle abbildet, um einen „Tendenzapparat"[34], um ein Bewertungs- und Deutesystem.

Daher geht es in einer spirituellen Wahrnehmung der Wirklichkeit darum, das Geschehene „von innen her zu verspüren und verkosten"[35]: Welchen „Geschmack" hatte meine heutige berufliche Tätigkeit? Wie hat mir die Begegnung mit dem Obdachlosen auf der Straße „geschmeckt"? Wie „schmeckt" mir das Gespräch mit einem Freund, das Lesen eines Buchs, das Wandern in der Natur oder das Anschauen eines Films? Auf diese Weise erschließt sich Schritt für Schritt die tiefere Bedeutung eines Erlebnisses im Kontext des eigenen Lebens.

Solches „Verspüren und Verkosten von innen her" ist, wie gesagt, stark emotional gefärbt. Doch meint es kein Aufgehen in den Emotionen, kein Zerfließen vor Rührung, kein Außer-sich-Geraten vor Wut, sondern ein *reflexiv-bewusstes Wahrnehmen der Gefühle im Nachhinein*. Dabei kommt die rationale Analyse ins Spiel, die das Gefühl mit bestimmten Erlebnisinhalten verbindet und es auf diese Weise „aufklärt". Aber es kommt auch zu einer Aufklärung der Gefühle durch das gefühlsmäßige *Nachempfinden und Nachspüren* der Gefühle selbst. Denn im Nachempfinden kann der Mensch seine Gefühle mit bereits

---

34 Ebd., 239.
35 „sentir y gustar internamente", Ignatius von Loyola, Geistliche Übungen Nr. 2.

früher erlebten Gefühlen vergleichen und so deutlicher erkennen, woher sie kommen und wohin sie tendieren, was ihr Ursprung und ihre Dynamik sind. Auf dieser Basis bieten sich ihm wesentlich klarere Möglichkeiten, die Gefühle einzuordnen.

Das „Verspüren und Verkosten der Dinge von innen her" ist der entscheidende Schlüssel zur spirituellen Wahrnehmung der Wirklichkeit. Denn nur so dringen wir unter die Oberfläche der Dinge und Vorgänge vor und rühren an das Geheimnis. Viel wird daher davon abhängen, sich Methoden anzueignen, mit denen dieses Verkosten von innen her gut und leicht gelingt. Eine solche Methode, die grundlegende, haben wir bereits kennengelernt: Den „Aufbau des Schauplatzes", also die vorbereitende Herstellung eines Wahrnehmungsraumes für die Sinne, und die „Anwendung der Sinne", also deren aufmerksame und intensive Schulung. Weitere Methoden werde ich in den folgenden Kapiteln darstellen. Was deren Einübung besonders braucht, ist: Geduld und Beharrlichkeit. Spiritualität ist nicht einfach Wellness oder ein bisschen Zur-Ruhe-Kommen. Sie will erworben und stets neu vertieft werden. Denn es sollte klar geworden sein, „dass überall nur Geduld und Liebe uns bis ans klopfende Herz der Welt gelangen lassen"[36].

---

36 Albert Camus 2013, 21.

3.4 Geschenktes würdigen.
Auf den Tag zurückschauen

Eine der wichtigsten Übungen, um die Aufmerksamkeit der Sinne zu schulen und einen achtsamen Umgang mit dem eigenen Leben zu pflegen, ist die abendliche „Gewissenserforschung". Sie ist eine gute alte Tradition christlicher Spiritualität. Als fester Bestandteil gehört sie in die letzte Gebetszeit der christlichen Mönche und Nonnen am Abend eines Tages, in die Komplet. Aber auch ChristInnen, die diese Gebetszeit nicht beten, haben bis vor wenigen Jahrzehnten selbstverständlich gelernt, am Abend das Gewissen zu erforschen. Problematisch ist freilich aus heutiger Sicht, dass die traditionelle christliche Gewissenserforschung sehr schematisch strukturiert ist (etwa entlang der Zehn Gebote), dass sie den Tag rein quantitativ auswertet (mittels mentaler „Zähllisten", wie oft der oder die Nachdenkende an diesem Tag eine bestimmte Sünde begangen hat) und dass sie sündenzentriert ist und damit Gelungenes, Schönes und Erfreuliches ausblendet.

Dem haben im 20. Jahrhundert zwei Traditionen eine offenere und der Vielschichtigkeit des Lebens besser gerecht werdende Alternative entgegengesetzt: die ignatianisch-jesuitische Tradition das „Gebet der liebenden Aufmerksamkeit" und die Tradition der Christlichen Arbeiterjugend in Orientierung an Kardinal Joseph Cardijn (1882, Schaerbeck bei Brüssel–1967, Löwen), die „Revision de Vie".

Beide folgen einem ähnlichen Schema: Ignatius geht nach dem Dreischritt Hören – Unterscheiden – Antworten vor, Cardijn folgt dem Dreischritt Sehen – Urteilen – Handeln. Beide meinen dasselbe und aus denselben

Gründen: Nur ein vorurteilsfreies, unvoreingenommenes Zurückschauen auf den Tag („Sehen" bzw. „Hören") kann diesen mit allem Licht und allem Schatten wahrnehmen, mit eigenem Gelingen und Scheitern, mit dem Gelingen und Scheitern der anderen. Erst im zweiten Schritt geht es darum, im menschlichen Tun und Erleben die Spuren des Geheimnisses zu finden und zu deuten. Erst in diesem Schritt kann und soll gewertet werden („Urteilen" bzw. „Unterscheiden"). Dann kann darauf aufbauend im letzten Schritt ein konkreter Vorsatz oder eine Bitte für den nächsten Tag stehen („Handeln" bzw. „Antworten").

Eine dreifache Bedeutung dieser Gebetsgestalt will ich herausstellen:

- *Anthropologisch*: Wer am Abend auf den Tag zurückschaut, erlebt ihn doppelt. Er hat die Möglichkeit, Kleinigkeiten bewusster und genauer wahrzunehmen als in der Hektik des Geschehens. Der Tagesrückblick lässt den Zurückschauenden intensiver leben.
- *Ethisch*: Der Gewissensbegriff ist von seinem Ursprung her weder biblisch noch philosophisch auf Sünden verengt, sondern meint etymologisch im Griechischen (syneidesis/συνείδησις), im Lateinischen (conscientia) und im Deutschen ein Zusammensehen, eine Zusammenschau einzelner Aspekte. Genau darum geht es im Tagesrückblick nach Ignatius oder Cardijn: um das offene, vorurteilsfreie Wahrnehmen und das anschließende Deuten des Lebens im Licht des je eigenen Glaubens oder der eigenen Weltanschauung.
- *Theologisch*: Wenn es wahr ist, dass das Geschenkte wichtiger ist als Leistung und Versagen, geht es vorab zu jeder

Betrachtung der eigenen Taten um die Entdeckung des Geheimnisses. Nicht die Frage, wo ich falsch oder richtig gehandelt habe, steht an erster Stelle, sondern wie das unverdient Geschenkte in meinem Leben angekommen ist – ganz konkret an diesem Tag. Es geht mit anderen Worten um das „Evangelium des eigenen Lebens".

So ist die Gewissenserforschung am Abend eine der wichtigsten spirituellen Übungen, ja vielleicht die wichtigste überhaupt. Wer sonst keine feste Ausdrucksform seiner Spiritualität pflegt, könnte hier eine gute Grundlage finden.

ÜBUNG: Tagesrückblick

Einfinden in der Gegenwart: Ich achte auf meinen Körper und meinen Atem. Ich werde mir bewusst, dass ich da bin, ganz gegenwärtig, und lasse alles um mich herum los.

Vorbereitung: Ich öffne mich, damit ich den Tag wirklich ehrlich betrachten und in seiner Vielfalt wahrnehmen kann.

Tagesrückschau ohne Wertung: Ich sehe noch einmal, wie die Bilder des Tages vor meinem inneren Auge ablaufen. Ich sehe von neuem die Räume, die ich heute betreten habe, höre die Stimmen und Geräusche, rieche die Gerüche, fühle, was ich berührt habe, schmecke, was ich geschmeckt habe. Ich nehme nochmals die Menschen wahr, die mir heute begegnet sind. Wieder kommen mir die Aufgaben und Arbeiten in den Sinn, die ich bewältigt oder auch nicht bewältigt habe. Noch einmal nehme ich die Gefühle wahr, die mich angesichts dieser oder jener Situation erfüllt haben.

Dank – Bitte – Versöhnung: Jetzt kann ich mich fragen: Wofür bin ich heute besonders dankbar? Was erfüllt mich mit Freude und Zufriedenheit? Und: Gibt es Dinge, für die ich jemanden um Verzeihung bitten möchte? Oder die un-vollkommen blieben?

Zurücklegen des Tages: Jetzt kann ich den Tag loslassen und ihn zurücklegen, um mich frei und unbelastet der Nacht anzuvertrauen.

4. Begegnung suchen. Erdung und Öffnung der Spiritualität

Eine der größten Gefahren des geistlichen Lebens ist die *Selbstbespiegelung*, das ständige Kreisen um sich selbst.[37] Sie hat vor allem zwei Spielarten. Die erste ist der *Narzissmus*, die Verliebtheit in sich selbst. Da bewundert sich jemand selber, hebt ständig die eigenen Erfolge hervor und wähnt sich den anderen überlegen. Wenn eine solche Person meditiert, landet sie immer tiefer in egozentrischer Selbstsucht und narzisstischer Selbstübersteigerung. Doch ist das oft schwer erkennbar, weil sie ja meditiert, spirituelle Übungen macht und scheinbar ein sehr gepflegtes geistliches Leben gestaltet. In Wirklichkeit dreht sich in ihrer Meditation alles um sie selbst, um die eigenen Freuden, die eigenen Wünsche, die eigenen Fähigkeiten und Leistungen. Die Meditation ist kein Ausdruck von Spiritualität, sondern von Narzissmus. – Die zweite Spielart der Selbstbespiegelung ist das *Selbstmitleid*: Wer sich in der Meditation ständig auf seine eigenen Probleme und Sorgen fixiert, wer krampfhaft an ihnen festhält und sie nicht loslassen, von ihnen nicht absehen kann, verfällt in immer größeres Selbstmitleid. Er wähnt sich selbst ständig als Opfer. Das Opfersein wird zum Merkmal seiner Identität und verstärkt seinen Eindruck, dass er angesichts der gegebenen Probleme ohnehin „nichts ändern kann". Resignation, Depressivität und Hoffnungslosigkeit fressen sich immer tiefer in seine Seele hinein. Ist so jemand gottgläubig, kann

---

37 Corinna Dahlgrün 2009, 342–345.

sich der Eindruck des Opferseins sogar noch religiös über-höhen. Er glaubt dann nämlich, Gott selber habe ihn als Opferlamm auserwählt. Das ist ein dramatischer Miss-brauch des Namens Gottes.

Doch es gibt auch das Gegenteil der egozentrischen Selbstbespiegelung: Die *Flucht vor sich selbst*. Wieder gibt es zwei Spielarten: Die erste ist die Flucht in eine heile und *perfekte Scheinwelt*. Sie verkörpert eine unreife und naive Spiritualität, ein Verharren in einem Kinderglauben, der nicht erwachsen werden will. Um nicht missverstanden zu werden: Spiritualität braucht das kindlich Unbeschwerte, die unbefangene Neugier, die unbelastete Offenheit, das sorglose Vertrauen. Aber dieses Kindliche der Spiritualität muss hindurchgegangen sein durch die Konfrontation mit der Härte und Absurdität des Leids. Es muss Sorglosig-keit *im* Leid, Vertrauen *in* der Bedrängnis, Offenheit *in* der Erfahrung von Feindseligkeiten sein. Spiritualität kann ein wunderbarer Weg zu einer solchen Haltung sein. Sie ist aber auch leicht zum Aufbau einer naiven Schein-welt missbrauchbar. Meditation ist dann vor allem eine Flow-Erfahrung, die die Nöte des Lebens vergessen lässt; Gebete träumerische, aber leere Phrasen, die keinen Be-zug zur Wirklichkeit herstellen; Liturgie ein gegen die Außenwelt abgeschotteter Raum statt eine souveräne Begegnung mit ihr. Friedrich Nietzsche beschreibt diese Praxis der Selbstflucht so: „Sie dürsten nach einem Auf-gehen in einem ,Außer-sich'; ist man mit einem solchen Durste ein Christ, so zielt man nach dem Aufgehen in Gott, nach dem ,Ganz-eins-mit-ihm-werden'."[38] – Die zweite Spielart der Flucht vor sich selbst ist der oftmals

---

38 Friedrich Nietzsche 1881, Buch 5, Aphorismus 549.

zerstörerische *Selbsthass.*[39] Häufig manifestiert er sich körperlich: in Essstörungen wie Magersucht oder Bulimie, in sexueller Frigidität und Prüderie, in Autoaggression und körperlicher Selbstverletzung. Solche Störungen haben in einer fehlgeleiteten Spiritualität nicht ihre Ursache – wohl aber wird Spiritualität oft dazu missbraucht, sie ideologisch zu rechtfertigen und zu überhöhen. Magersucht wird zum „Fasten" umgedeutet, Prüderie zum Leben in „gottgewollter Enthaltsamkeit", Autoaggression zu einer „Bußübung". „Spiritualität" ist in dieser Sicht Askese mit zusammengebissenen Zähnen und ein permanentes Leben in Buße, die nicht aus innerer Freiheit wächst. Sie flieht vor dem Selbst in seiner Unvollkommenheit, Zerbrechlichkeit und Bedürftigkeit.

Beide – Selbstbespiegelung wie Selbstflucht – verbauen den Weg zu einer realistischen und nüchternen, aber zugleich dankbaren und lebensbejahenden Wahrnehmung der eigenen Existenz. Weder sind wir Supermenschen noch sind wir Sündenböcke. Weder leben wir in einer perfekten Welt noch sind wir zu schlecht für diese Welt. Spiritualität möchte uns helfen, die eigene mangelhafte und unweigerlich verletzte, ja gebrochene Existenz als eine geschenkte und daher in ihrer Unvollkommenheit wertvolle wahrzunehmen – die uns von außen zukommt und nicht „gemacht" werden kann, aber auch nicht gemacht werden braucht. Auf diese Weise wird Spiritualität zu einem Leben in Spannung: mit den Füßen am Boden – mit dem Herzen jenseits des Horizonts.

Wer oder was aber kann uns helfen, uns in diese Spannung hineinzustellen, sie auszuhalten und als belebend

---

39 Andreas Knapp 2005, 22–34.

zu erfahren? Wer oder was fördert die Erdung unseres Lebens und die Weitung unseres Horizonts zugleich? Die Antwort aller spirituellen Traditionen auf diese Frage ist die gleiche: Jeder spirituelle Mensch braucht ein oder mehrere kritische Gegenüber aus Fleisch und Blut, einen oder mehrere Mitmenschen, die ihm zum kritischen Korrektiv werden, ihn vor Vereinseitigungen bewahren und ihm die erwähnte Spannung permanent sichtbar machen. Mit anderen Worten: Spiritualität braucht Gemeinschaft und Zusammenleben; Auseinandersetzung und Dialog; Konfrontation und Situationen des Gegenüber-Seins.

Der spirituelle Mensch lässt sich auf andere ein, lässt sich von ihnen etwas sagen, gibt ihnen in einem gewissen Sinn Autorität in seinem Leben. Der spirituelle Mensch will auf sein eigenes Leben durch die Brille anderer schauen. Denn so erlebt er einen Perspektivwechsel und erweitert seinen Horizont. Er sieht mehr und „richtiger", auch wenn der Weg dorthin manchmal schmerzlich ist.

Im Folgenden möchte ich vier Gruppen spiritueller Gegenüber beschreiben. Die ersten drei – die Menschen aus dem eigenen Nahbereich, die spirituelle Gemeinschaft, der man angehört, und die spirituellen Autoritäten, mit denen man sich auseinandersetzt – werden in allen großen spirituellen Traditionen für unerlässlich gehalten. Die vierte Gruppe spiritueller Gegenüber – ein spiritueller Wegbegleiter, eine spirituelle Wegbegleiterin – gilt meistens als ein sehr empfehlenswertes, aber optionales Angebot.

4.1 Menschen aus dem eigenen Nahbereich

Der primäre Ort, an dem sich unsere eigene Spiritualität bewähren muss, ist die Begegnung mit Menschen aus dem eigenen alltäglichen Lebensumfeld. Manche von ihnen haben wir uns selbst ausgesucht, viele aber auch nicht. Manche von ihnen werden wir ihrerseits als spirituelle Menschen erfahren, manche aber auch nicht. Alle jedoch haben uns im Blick auf unsere Spiritualität etwas zu sagen: durch ihre Worte, denn sie nehmen uns von außen wahr und spiegeln uns diese Wahrnehmung; durch ihr Verhalten, denn sie müssen mit unseren Ecken und Kanten ebenso zurechtkommen wie mit unseren guten Seiten; durch ihr Dasein, denn auch wir müssen mit ihnen auskommen und sie als Teil unseres Lebens annehmen.

Von den vier Gruppen spiritueller Gegenüber ist diese erste der Menschen aus dem Nahbereich die anstrengendste, mitunter auch widerständigste. Denn ihr können wir nicht so leicht ausweichen wie den anderen drei Gruppen. Unerbittlich begegnet sie uns und fordert uns heraus. Zudem ist es diese Gruppe, die uns am besten kennt und am meisten von unserem wirklichen Leben weiß. Ihr gegenüber fällt es sehr schwer, sich dauerhaft hinter einer Maske zu verstecken. Das gilt insbesondere dann, wenn jemand aus dieser Gruppe einen Großteil oder sogar das Ganze unseres bisherigen Lebens begleitet hat wie die eigenen Eltern und – sofern sie nicht weit entfernt leben – die Großeltern, die Geschwister oder FreundInnen, zu denen bereits seit Kindertagen ein Kontakt besteht. Es gilt insbesondere auch, wenn es sich um Menschen aus dem allernächsten Bereich der eigenen Familie handelt, mit denen man tagtäglich Tisch und Wohnung teilt. Schließlich gibt es Lebensphasen, in denen uns Menschen aus dem unmittelbaren Umfeld die Wahrheit besonders unverblümt sagen: unsere Kinder, wenn sie in der Pubertät sind; unsere Geschwister, wenn die Eltern kürzlich verstorben sind und der Nachlass geregelt werden muss; unsere Freundinnen und Freunde, Kolleginnen und Kollegen, wenn wir in einer Lebenskrise stecken.

Eine Begrenzung gilt es zu beachten, wenn wir von Menschen aus unserem alltäglichen Nahbereich Rückmeldungen bekommen: Sie sind nicht neutral wie eine spirituelle Autorität oder Wegbegleitung, sondern verfolgen eigene Interessen. Auf Grund des Zusammenlebens oder -arbeitens sind sie ja teilweise davon abhängig, wie wir uns verhalten. Deswegen kann man es ihnen nicht übelnehmen, dass sie ihre eigenen Wünsche und Bedürfnisse mitbringen, wenn sie uns begegnen. Aber diese Tatsache will bedacht sein: Kritik sagt auch etwas über die kritisierende Person. An einem Konflikt haben im Regelfall beide Seiten einen Teil der Schuld. Und selbst in einem Lob oder einem Geschenk kann sich eine Erwartung verstecken. Die Begegnung mit Menschen aus dem eigenen Nahbereich als ersten Bewährungsort der Spiritualität wahrzunehmen heißt also auch, diesen verborgenen Betroffenheiten, Interessen und Botschaften nachzuspüren und sie herauszufiltern, ehe auf die eigene Person geschlossen wird.

All diese Personen können ein Korrektiv sein, durch das die eigene Spiritualität zugleich geerdet und geweitet wird. Die entscheidende Bedingung dafür ist aber, dass wir uns darauf einlassen – und das setzt eine hohe Reife und innere Sicherheit voraus. Wer substanzielle Kritik an sich heranlassen will, muss begriffen haben, dass diese keine Majestätsbeleidigung darstellt, keine Respektlosigkeit und erst recht kein Versuch der Vernichtung einer Person, sondern Ausdruck einer anderen Wahrnehmung ist und ein Bedürfnis des Gegenübers artikuliert.

In sehr emotionalen Begegnungen – positiven wie negativen – wird es oft nicht möglich sein, die Rückmeldung des Gegenübers sofort in ihrer Vielschichtigkeit und Intensität wahrzunehmen und zu verarbeiten. Dann kann es eine gute spirituelle Übung sein, diese in einer ruhigen Stunde nochmals durchzugehen – mit dem Vertrauen, dass die andere Person mir etwas Richtiges und Wichtiges sagen wollte, aber auch mit der Freiheit, manche ihrer Einschätzungen nach reiflicher Prüfung zurückzuweisen.

ÜBUNG:

Wer sind meine wichtigsten Gegenüber im alltäglichen Leben? Mein (Ehe-)Partner, meine (Ehe-)Partnerin? Meine Eltern? Meine Kinder? Mein bester Freund? Eine Arbeitskollegin? Was lasse ich mir von diesen Bezugspersonen sagen und was auf keinen Fall? Wie versuche ich ihre Impulse wahrzunehmen und zu verarbeiten?

Ich erinnere mich beispielhaft an die Auseinandersetzung mit einer dieser Personen aus der jüngeren Vergangenheit: Worum ging es? Wie hat mir die Person ihre Sicht der Dinge vermittelt? Konnte ich auch meine Sicht des Problems darlegen? Welche Gefühle hatte ich unmittelbar in der Situation – und welche nach einigen Tagen oder Wochen? Hat mich die Auseinandersetzung weitergebracht? Und wie hat sich meine Beziehung zu dieser Person dadurch verändert?

4.2 Spirituelle Gemeinschaft

Unter den Menschen, mit denen wir im Alltag zusammenleben, sind nicht automatisch solche, mit denen wir die konkrete Form unserer eigenen Spiritualität teilen und gemeinsam leben können. In einer pluralen Gesellschaft, wie wir sie gegenwärtig erleben, ist es ein Glücksfall, wenn dies mit dem eigenen Ehepartner oder der eigenen Ehepartnerin möglich ist. Wenn es also Zeiten des gemeinsamen Meditierens oder Betens gibt; wenn in halbwegs regelmäßigen Intervallen ein spiritueller Austausch, ein Gespräch über spirituelle Fragen gepflegt wird; wenn es „heilige" Rituale zwischen ihnen gibt; wenn womöglich beide sich in einem Projekt gemeinsam ehrenamtlich engagieren; wenn zwischen ihnen zu spüren ist, dass sie von einem ähnlichen Spirit geleitet und getragen werden. Oft werden Eheleute mit weniger zufrieden sein müssen. Denn sie haben sich ja nicht unbedingt auf Grund einer gemeinsam geteilten Spiritualität gefunden und aneinander gebunden.

Noch mehr ist es ein Glücksfall, wenn eine ganze Familie über mehrere Generationen eine Spiritualität teilen darf. Wenn also die Kinder die Spiritualität ihrer Eltern übernehmen – vielleicht mit Modifikationen und eigenen Akzenten, ohne aber grundsätzlich davon abzugehen. Und ebenso ist es ein Glücksfall, wenn jemand im eigenen Freundeskreis oder im Arbeitskollegium eine Person findet, zu der eine spirituelle Nähe oder „Verwandtschaft" besteht. Je pluraler unsere Gesellschaft geworden ist, umso weniger können wir davon ausgehen.

Oft werden wir also Menschen, mit denen wir unsere Spiritualität teilen können, gezielt suchen müssen. Der klassische Ort kirchlichen Lebens, die Pfarrei, ist dabei meist keine große Hilfe. Zum einen, weil sie von immer weniger, immer älteren Menschen aufgesucht wird, zum anderen, weil ihre Angebote oft wenig spirituellen Tiefgang aufweisen, den diejenigen, die noch kommen, womöglich auch gar nicht suchen. Da und dort gibt es in Pfarreien kleine spirituelle Gruppen – einen Bibelkreis etwa oder eine Meditationsgruppe. Manchmal sind solche Gruppen aber nicht mehr an eine einzelne Pfarrei angebunden, sondern bewegen sich relativ frei und unabhängig im größeren Raum der Kirche.

Eher findet man spirituelle Verwandte jedoch in geistlichen Zentren: in Häusern der Stille und der Kontemplation, in Gästehäusern mancher Klöster oder auf Pilgerwegen, die schon seit etwa drei Jahrzehnten einen enormen Boom erleben. Solche spirituellen Treffpunkte zu finden ist im Zeitalter des Internets kein Problem mehr. Eine Herausforderung kann freilich bleiben, dass die spirituellen Verwandten, die man dort kennenlernt, weit entfernt leben, so dass die Begegnung mit ihnen nur sporadisch möglich oder über die elektronischen Medien vermittelt ist.

Innerhalb der Kirchen haben sich in den letzten Jahrzehnten viele sogenannte Neue Geistliche Gemeinschaften etabliert, die die beschriebene Lücke zu füllen versuchen. Zahllose Menschen rund um den Erdball haben in ihnen ihre spirituelle Heimat gefunden. Im Unterschied zu den jahrhundertealten geistlichen Gemeinschaften, den Orden, strahlen die neuen Bewegungen mehr Jugendlichkeit und Frische aus, ihre Ausdrucks- und Kommunikationsformen sind meist weitaus moderner. Aber neue Gemeinschaften haben auch ihre spezifischen Herausforderungen:

Oft fixieren sie sich sehr stark auf ihre charismatischen Gründerpersönlichkeiten – bis hin zu Äußerlichkeiten in der Wortwahl, in Gesten oder Kleidungsgewohnheiten. Meistens fehlt ihnen noch ein ausgereiftes Regelwerk, das für Gewaltenteilung, Mitbestimmung, Offenheit und Transparenz sorgt und der Gemeinschaft eine abgeklärte Stabilität verleiht. Zudem haben sie noch keinen Abstand zur eigenen Gründungsphase, der ihnen einen objektiveren, gelasseneren Blick auf die eigene Gemeinschaft und ihre Eigenheiten ermöglichen würde. Schließlich ist auch die Beziehung zwischen ihnen und der Kirche, zu der sie erklärtermaßen gehören wollen, und damit ihr Platz in dieser Kirche oft von beiden Seiten noch nicht hinreichend geklärt.

Alles in allem ist daher die Gefahr nicht gering, dass aus einer Neuen Geistlichen Gemeinschaft schleichend eine totalitäre, in sich geschlossene Gruppe wird. Andererseits muss es nicht so kommen – und viele der bedeutenden spirituellen Bewegungen der gesamten Kirchengeschichte haben genau so begonnen wie die Neuen Geistlichen Gemeinschaften heute. Das ambivalente Potenzial solcher jungen Bewegungen ist also kein Grund, sie abzulehnen, wohl aber ein Anlass, sie mit kritischer Aufmerksamkeit zu begleiten – ob als Mitglied oder von außen. Die Bereitschaft einer Neuen Geistlichen Gemeinschaft, solche Kritik von außen und von innen ehrlich anzunehmen und zu bedenken, ist vermutlich eines der wichtigsten Kriterien dafür, ob es sich um eine wirklich geistliche Gemeinschaft handelt, die sich der Führung eines ihr geschenkten Geistes überlässt und nicht selber autoritär Führung ausübt.

Im Minimalfall kann „spirituelle Gemeinschaft" auch eine geschwisterliche Beziehung zweier Menschen sein, die sich irgendwann gefunden haben und regelmäßig treffen: zum gemeinsamen Meditieren, zum spirituellen Gespräch, vielleicht auch zum gemeinsamen Gehen eines Weges, während dessen der geistliche Austausch stattfindet. In der Bibel ist dies zum Beispiel die Konstellation der Emmauserzählung (Lk 24,13–35). Zwei Männer sind miteinander unterwegs zu einem kleinen Dorf und tauschen sich über ihre Wahrnehmungen und Empfindungen rund um die Hinrichtung Jesu von Nazaret aus. Sie spüren, wie ihnen dabei wärmer und wärmer ums Herz wird, so dass sie irgendwann den Eindruck haben, es sei noch ein Dritter bei ihnen und erkläre ihnen das, was ihnen selber noch unverständlich ist. Und als sie in dem Dorf ankommen, in der Gastwirtschaft einkehren und miteinander das Brot brechen, wird ihnen zur Gewissheit, was vorher vager Eindruck war: dass er, Jesus, bei ihnen ist.

Es ist nicht einfach, spirituell Verwandte oder gar eine spirituelle Gemeinschaft zu finden, in der man sich gut und förderlich beheimaten kann. Und doch möchte ich zu dieser Suche ermutigen. Denn wer seine Spiritualität anspruchsvoll und intensiv leben will, braucht dazu Menschen an seiner Seite, die ihn ermutigen und bestärken, die ihm Orientierung geben und bei denen er sich spirituell beheimaten kann. Anders als die Menschen im alltäglichen Umgang ist eine spirituelle Gemeinschaft immer eine Sache freier Wahl. Allerdings wählt man (sofern es um mehr als zwei Personen geht) nur die Gruppe, nicht jedoch die einzelnen Individuen. Deren Verschiedenheit mag mitunter anstrengend sein, sorgt aber für die nötige Lebendigkeit in der Gemeinschaft – jedenfalls solange es keinen Gruppenzwang, keine Dogmatisierungen und keine autoritäre Führung gibt. Diese Lebendigkeit manifestiert sich in der Offenheit der Gruppe nach außen, sei es für neue Mitglieder oder neue Ideen, sei es für den Austausch und die Kooperation mit anderen spirituellen oder säkularen Gruppen.

Eine spirituelle Gemeinschaft – egal ob sie aus zwei, aus einigen wenigen oder aus sehr vielen Mitgliedern besteht – besitzt eine gewisse Mittelstellung zwischen den Menschen im unmittelbaren Nahbereich und den spirituellen Autoritäten und Wegbegleiterinnen und Wegbegleitern. Denn die Mitglieder dieser Gemeinschaft werden einen besser kennen als die Letzteren, aber weniger gut als die Ersteren. Zugleich sind sie im alltäglichen Leben weniger unmittelbar mit einem verbunden als die Ersteren, aber nicht so neutral und unbeteiligt wie die Letzteren. Daher kommt ihnen im Gesamtkomplex spirituell relevanter Begegnungen eine spezifische Bedeutung zu.

 ÜBUNG:

Habe ich schon eine kleine Gemeinschaft gefunden, in der ich meine Spiritualität teilen und gemeinsam ausleben kann? Wenn ja: Was sind die wesentlichen Elemente unserer Spiritualität? Was fasziniert mich an dieser Gemeinschaft? Und was irritiert oder verunsichert mich? Wenn nein: Spüre ich das Bedürfnis nach spiritueller Gemeinschaft? Und was kann ich gegebenenfalls tun, um diesem Bedürfnis nachzugehen?

4.3 Spirituelle Autoritäten

Wir leben von Vorbildern, an denen wir uns orientieren und reiben können, die uns herausfordern, aber auch zeigen, wie ein gutes, erfülltes Leben aussehen kann. Wer sich für eine spirituelle Gestaltung seines Lebens entschieden hat, braucht daher auch ein oder mehrere spirituelle Vorbilder, eine oder mehrere spirituelle Autoritäten. Solche Autoritäten wechseln wir nicht wie Kleider, sondern suchen sie in einem längeren Prozess aus, um an ihnen dann über einen langen Zeitraum, wenn möglich sogar für das ganze Leben festzuhalten.

Eine spirituelle Autorität ist ein Gegenüber, das durch eine gewisse Öffentlichkeit anerkannt ist. Dabei besitzt sie ihre Autorität nicht auf Grund eines Amtes (lateinisch potestas), sondern auf Grund persönlicher Bewährung und Reife (lateinisch auctoritas): Menschen ihrer Umgebung erkennen in der spirituellen Autorität eine überdurchschnittliche Lebensweisheit und eine trotz mancher Brüche weitgehend gelungene Lebensgestalt. Sie trauen dieser Person zu, ihnen im geistlichen Leben eine wirkliche Hilfe zu sein. Die spirituelle Autorität ist für sie eine Person, die inspirierendes, orientierendes und kritisierendes Potenzial besitzt.

So, wie ich es hier verstehe, ist die spirituelle Autorität irdisch – nicht himmlisch. Gott ist hier also nicht gemeint, sondern ein glaubender, liebender und hoffender Mensch mit einem besonderen Gespür für das Menschliche. Die Palette solcher Menschen ist sehr weit. Sie reicht von religiösen Führungspersonen wie Jesus von Nazaret, Gautama Siddharta und den Prophetinnen und Propheten über gesellschaftspolitisch engagierte Menschen wie Madeleine Delbrêl und Dag Hammarskjöld bis zu Künstlern und Künstlerinnen wie Auguste Rodin, Albert Camus oder Arundhati Roy. Auch eine Persönlichkeit aus dem eigenen Lebensumfeld kann in dem hier gemeinten Sinne zur spirituellen Autorität werden, ob das der eigene Pfarrer oder die eigene Pfarrerin, ein Ordensmann oder eine Ordensfrau oder sonst eine Person aus der eigenen Region ist, die öffentlich sichtbar spirituell lebt.

Alle großen Religionen bieten solche spirituellen Autoritäten im Plural an und vermitteln deren Leben in Schriften und anderen Medien. Meistens gibt es eine Abstufung der formalen Autorisierung, so dass im Judentum Mose als Gesetzesübermittler und David als Beter der Psalmen eine hervorgehobene Autorität besitzen, im Christentum Jesus von Nazaret, der als Retter geglaubt und verkündet wird, und im Islam Mohammed, zu dem Gott in besonderer Weise gesprochen hat. Aber nie beschränkt sich das Angebot spiritueller Autoritäten auf eine einzige. Immer gibt es eine Vielfalt an Persönlichkeiten, die zumindest teilweise der freien Wahl der Menschen überlassen werden.

Allerdings ist in allen Religionen zugleich klar, dass es nicht um ein unstetes Springen von einer spirituellen Persönlichkeit zur nächsten geht, sondern um ein intensives, lang andauerndes Vertraut-Werden mit einigen wenigen von ihnen. Nur so können sie ihre Wirkung als Autorität entfalten. Spiritualität ist kein Eklektizismus, der sich von möglichst vielen Persönlichkeiten ein paar winzige Gedankensplitter zusammensucht. Spiritualität bedeutet vielmehr ein stets wachsendes und immer tieferes Vertraut-Sein mit einer überschaubaren Zahl an geistlichen Menschen, die man sich als Autorität gewählt hat.

Daraus folgt aber auch, dass es eine Zeit des Suchens und Wählens solcher Autoritäten ebenso braucht wie eine Begrenzung dieser Zeit. Es macht keinen Sinn, sein Leben lang zu suchen und sich nie für eine spirituelle Autorität zu entscheiden. Das ist durchaus vergleichbar mit der Suche nach einem Ehepartner oder einer Ehepartnerin.

Wenn man die perfekte, ideal zu einem selbst passende Person finden will, wird man ein Leben lang suchen, ohne eine Partnerschaft einzugehen. Wenn man sich dagegen bewusst macht, dass es nicht um die allerbeste, sondern um eine gute, aufs Ganze gesehen lebensfördernde Wahl geht, ist eine Entscheidung möglich, die auch nach Jahrzehnten als gut wahrgenommen und bewertet wird. – Jede spirituelle Autorität und vor allem ihre Vermittlung in Schriften und anderen Medien wird immer Aspekte in sich tragen, die dem einen oder anderen Menschen schwierig zu akzeptieren scheinen. Damit müssen wir genauso leben wie mit den Eigenschaften eines Ehepartners oder einer Ehepartnerin.

Der Vergleich mit der Ehe ist noch in einer zweiten Hinsicht hilfreich: Normalerweise suchen wir den Ehepartner oder die Ehepartnerin nicht in fernen Ländern und Kulturen, sondern in unserem normalen Lebensumfeld. Wenn sich dort (oder auch in einem Urlaub) die Liebe zu einem Menschen anderer Hautfarbe, Kultur oder Religion ergibt, muss diese Verschiedenheit kein Hindernis für eine Heirat sein. Aber in der Regel suchen wir nicht gezielt nach kultureller oder religiöser Verschiedenheit. Analog gilt dies auch bei der Suche nach spirituellen Autoritäten: Im Regelfall macht es Sinn, diese im eigenen Kulturkreis und der eigenen Herkunftsreligion zu suchen. Denn bei aller Faszination des Fremden und Unbekannten ist es doch wesentlich leichter, sich in die Lebenswelt und den Wertehorizont einer Person des eigenen Kulturkreises und der eigenen Religion hineinzudenken. Und wo Religionen ihren ursprünglichen Kulturkreis überschritten haben, bedurfte es in aller Regel aufwändiger Übersetzungsleistungen, Inkulturation genannt, um in der fremden Kultur Wurzeln schlagen zu können. Wer also in eine bestimmte spirituelle Tradition hineingewachsen ist, sollte diese nicht leichtfertig aufgeben, und wer noch ohne Festlegung auf eine bestimmte Spiritualität lebt, sollte zunächst im spirituellen Nahbereich nach passenden Autoritäten suchen. Das ist eine Urüberzeugung des Judentums, das in seiner gesamten Geschichte nie Versuche der Bekehrung Andersgläubiger gemacht hat. Es ist aber auch eine Überzeugung der katholischen Kirche seit dem II. Vatikanischen Konzil, die sich zum Beispiel in der Erklärung des Konzils über die Haltung der Kirche zu den nichtchristlichen Religionen „Nostra Aetate", aber auch in den Karfreitagsfürbitten für die Menschen anderer Religionen manifestiert. Und es ist im Grunde auch die Position des Korans, der zumindest gegenüber den „Leuten des Buchs", also Juden/Jüdinnen und Christen/Christinnen, auf Missionierung verzichtet (Sure 3,64).

Eine spirituelle Autorität ist ein Gegenüber, zu dem eine Distanz besteht. Oft ist nicht einmal ein direkter Kontakt vorhanden, ja meistens gar nicht möglich, weil es sich um historische Persönlichkeiten handelt. Und wenn es einen direkten Kontakt gibt, ist dieser meistens nicht sehr intensiv. Das ist einerseits ein Vorteil, weil die spirituelle Autorität damit in einer neutralen Rolle ist – anders als die Menschen aus dem eigenen Nahbereich und die Menschen, mit denen jemand in einer spirituellen Gemeinschaft verbunden ist. Andererseits ist die größere Distanz der spirituellen Persönlichkeit auch ein Nachteil, denn wir selber müssen die Initiative zur Begegnung ergreifen und uns dieser Autorität mit ihren inspirierenden, orientierenden und kritisierenden Impulsen aussetzen. Wir müssen also Methoden entwickeln, wie wir uns regelmäßig aussetzen können, und diese dann zu einer steten Gewohnheit werden lassen. Nur wenn diese Regelmäßigkeit der Begegnung und Auseinandersetzung gelingt, ist die betreffende Person für uns wirklich eine spirituelle Autorität geworden.

ÜBUNG:

Wer sind meine spirituellen Autoritäten? Wie habe ich sie für mich entdeckt und mich für sie entschieden? Was fasziniert mich an ihnen? Und was irritiert oder stört mich an ihnen? Pflege ich eine regelmäßige Kultur der Begegnung mit ihnen? Wenn ja, wie sieht diese aus? Wenn nein, wie könnte ich eine solche entwickeln?

4.4 Ein spiritueller Wegbegleiter, eine spirituelle Wegbegleiterin

Die bisher beschriebenen drei Kategorien von Menschen sind auf dem eigenen spirituellen Weg unerlässliche Gesprächspartner und Gegenüber. Ohne sie ist ein guter spiritueller Weg nicht gangbar. Die vierte Kategorie hingegen ist eine optionale. Sie ist nicht notwendig, und viele große Heilige haben ihr gesamtes Leben ohne sie gelebt.[40] Aber in wichtigen Lebensphasen kann sie sehr hilfreich sein. Es geht um eine Person, die als spiritueller Wegbegleiter fungiert und für diese Aufgabe völlig frei gewählt wird. Sie soll die „Kultur des Geistlichen" der begleiteten Person fördern,[41] indem sie diese bei der Suche

---

40 Josef Sudbrack 1981, 17.
41 Herman Andriessen 1995, 28.

nach ihren spirituellen Quellen und bei der Entwicklung einer stimmigen Lebenspraxis unterstützt.[42]

Was ist ein spiritueller Wegbegleiter, eine spirituelle Wegbegleiterin? Es handelt sich um eine Rat gebende Person, zu der keine private oder dienstliche Beziehung besteht, die also vom Handeln derer, die sie begleitet, nicht direkt betroffen ist. Ein Bruder kann also nicht spiritueller Wegbegleiter seiner leiblichen Schwester sein und umgekehrt, eine Ehefrau nicht für ihren Ehemann und umgekehrt, ein Dienstvorgesetzter nicht für seinen Untergebenen und umgekehrt. Die wechselseitige Unabhängigkeit voneinander ist unerlässlich, damit der Rat frei gegeben und frei angenommen oder abgelehnt werden kann.

Diese wechselseitige Unabhängigkeit ist nicht immer ganz leicht durchzuhalten. Denn im Laufe der geistlichen Begleitung entsteht eine große Nähe der beiden Personen zueinander, und es passiert schnell, dass man von der spirituellen auf eine allgemein-menschliche Nähe überspringt; dass also eine der beiden Personen oder beide den Wunsch nach einer Freundschaft oder gar nach einer sexuellen Beziehung verspüren.[43] So menschlich dieser Wunsch sein mag, so sehr muss er doch im Kontext geistlicher Be-

---

42 Klaus Kießling 2010, 18.

43 Für die Psychotherapie, die eine sehr ähnliche Konstellation aufweist, schreibt Vera Kattermann 2018, 17: „Längerfristige psychotherapeutische Arbeit stellt eine besondere Qualität intimer Nähe her, die in ähnlicher Form allenfalls in Paarbeziehungen und engen Freundschaften auftritt. Wo sonst treffen in vergleichbarer Regelmäßigkeit, Dauer und emotionaler Konzentration zwei Menschen zusammen, um über ihre Erfahrungswelten und Gefühle zu sprechen und diese auch im Miteinander zu erleben und zu teilen? Es verwundert kaum, dass in diesem Mikroklima der Nähe auch erotische und Liebesgefühle erwachen können."

gleitung abgelehnt werden.[44] Hier braucht es eine strikte und stabile „Firewall". Spirituelle Wegbegleiter und Wegbegleiterinnen sind deswegen gehalten, solche Wünsche in einer eigenen Supervision anzusprechen, sobald sie diese bemerken – sei es bei sich selber, sei es bei der begleiteten Person. Sollten sich die betreffenden Wünsche mit Hilfe der Supervision nicht ausräumen lassen, müssen sie die spirituelle Begleitung an jemand anderen abgeben.

Als spirituellen Wegbegleiter/spirituelle Wegbegleiterin sollte man zur gleichen Zeit immer nur eine Person wählen. Denn bei gleichzeitig mehreren Personen könnte man sich auf keine von ihnen wirklich vorbehaltlos und mit ganzem Herzen einlassen. Hingegen kann ein Wechsel nach einigen Jahren durchaus sinnvoll sein, um sich in der eigenen Spiritualität nicht auf eine einzige Persönlichkeit zu fixieren und geistlich in Bewegung zu bleiben. Zudem können in unterschiedlichen Lebensphasen unterschiedli-

---

44 Für psychotherapeutische und psychologische Zweierkonstellationen rechnet man, dass ungefähr 8% der Psychotherapeutinnen und Psychotherapeuten und Psychologen und Psychologinnen mindestens einmal im Berufsleben Täterinnen und Täter werden (in Kanada, England und Deutschland während der 1990er Jahre, vgl. Elisabeth Nolde 2016) – manche Studien sprechen sogar von 10% (Andrea Schleu 2014) – und deutlich unter 1% der KlientInnen Opfer (in Deutschland für denselben Zeitraum, vgl. Bundesministerium für Familie, Senioren, Frauen und Jugend 2004, 4). Unter den Tätern sind über 80% Männer, unter den Opfern fast 80% Frauen. In nahezu 80% der Fälle findet der Missbrauch wiederholt statt. Dennoch landen die wenigsten Fälle (etwa 1%) vor Gericht: „Die Tendenz zu Vertuschung und Verheimlichung eines Missbrauchsfalls in der Therapie ist groß" (Vera Kattermann 2018, 19). – Auf Grund der Ähnlichkeit der Situation in der geistlichen Begleitung (Vieraugengespräche über einen längeren Zeitraum, hohe Vertraulichkeit, Machtgefälle) und in Orientierung an den Zahlen sexuellen Missbrauchs durch Priester dürfte für die geistliche Begleitung eine etwa vergleichbare Größenordnung wie für die Psychotherapie gelten.

che Fähigkeiten eines Beraters oder einer Beraterin gefragt sein – und niemand besitzt alle diese Fähigkeiten. Gleichwohl sollte die geistliche Begleitung durch eine Person jeweils für einen längeren Zeitraum vereinbart werden, in dem Vertrauen und Herzenskenntnis wachsen können und in dem ein spiritueller Wachstumsprozess geplant, gegangen und vertieft werden kann. Zu häufige Wechsel würden solche Prozesse verunmöglichen und letztlich zu einer Erosion der eigenen Spiritualität führen.

Spirituelle Wegbegleiter und Wegbegleiterinnen gibt es praktisch in allen Religionen. Das Christentum hat sie in Gestalt der Wüstenväter und -mütter in Syrien und Ägypten im 3. Jh. von den griechischen Philosophen übernommen. Bei diesen waren zum Beispiel Sokrates und die Stoiker Plutarch, Epiktet und Seneca so etwas Ähnliches wie geistliche Begleiter.[45] Von den Wüstenvätern und -müttern ist das Konzept in das christliche Mönchtum und die Ordensgemeinschaften weitergegeben worden. Während man jedoch damals von geistlicher Vaterschaft oder Mutterschaft sprach, sehen wir die spirituellen Wegbegleiter und Wegbegleiterinnen heute eher in der Rolle älterer Geistesgeschwister. Im Kontext moderner Gleichberechtigung begegnen sie den ihnen Anvertrauten auf Augenhöhe. Sie geben Ratschläge, die in freier Entscheidung angenommen oder abgelehnt werden dürfen, und keine Direktiven, denen unbedingt zu gehorchen ist. Sie sind eben keine Gurus – und wo immer jemand seine Begleitperson als unfehlbaren, quasigöttlichen Guru betrachtet (und das kann leicht vorkommen),[46] muss der

---

45 Anselm Grün 1991, 9.
46 Vgl. Josef Sudbrack 1981, 12.

Begleiter oder die Begleiterin sich selber „vom Sockel herunterholen". Denn „nur einer ist euer Meister, ihr alle aber seid Schwestern und Brüder" (Mt 23,8).

Geistliche Begleitung braucht das regelmäßige Gespräch in überschaubaren Zeiträumen. Sie lebt davon, dass die begleitete Person wesentliche Vorgänge aus ihrem Leben offen und ehrlich erzählt. Denn nur wenn der Begleiter oder die Begleiterin weiß, was im Gegenüber vor sich geht, kann er oder sie wirklich helfen und spirituelle Perspektiven geben. – Welche Anforderungen stellen sich mithin an geistliche Begleiter und Begleiterinnen? Generell sollten sie selber geistliche Menschen sein, die ein spirituelles Leben pflegen und darin bereits auf etliche Erfahrung zurückgreifen können. Darüber hinaus benötigen sie vor allem zwei weitere Eigenschaften[47]: Herzenskenntnis[48] und die Gabe der „Unterscheidung der Geister" (vgl. dazu Kapitel 7). Jenseits dieser objektiv nachprüfbaren Eigenschaften kommt es bei der Wahl eines Begleiters oder einer spirituellen Begleiterin natürlich auch auf subjektive Wahrnehmungen an: „Die Chemie" muss stimmen, zwischen begleiteter und begleitender Person eine Atmosphäre gegenseitigen Wohlwollens und Vertrauens vorhanden sein.

---

47 Anselm Grün 1991, 11–13.

48 Herzenskenntnis, griechisch Kardiognosie, ist abgeleitet von Apg 1,24 und 15,8, wo Gott als Kardiognostes/καρδιογνώστης = Herzenskenner bezeichnet wird, und wird auf erfahrene spirituelle Menschen übertragen. Zum Begriff siehe: Michael Rosenberger 1996.

ÜBUNG:

Habe ich im Laufe meines Lebens schon einmal einen oder mehrere spirituelle Wegbegleiter und Wegbegleiterinnen gehabt? Wenn ja, was hat sie ausgezeichnet und in welchen Situationen haben sie mir besonders geholfen? Was von meiner gegenwärtigen spirituellen Praxis habe ich bei ihnen gelernt? Wenn nein, könnte ich mir grundsätzlich vorstellen, dass die spirituelle Wegbegleitung für mich in den nächsten Jahren eine Option wird? Kenne ich eine Person, die ich mir als Wegbegleiter/Wegbegleiterin vorstellen könnte?

4.5 Erdung und Öffnung durch Begegnung

Spiritualität bedeutet Leben in Spannung: mit den Füßen am Boden – mit dem Herzen jenseits des Horizonts. Am besten lässt sich diese Spannung verwirklichen, wenn sie durch die Begegnung mit Menschen hindurch wächst und reift: mit Menschen aus dem eigenen Nahbereich, in einer spirituellen Gemeinschaft, mit spirituellen Autoritäten und womöglich auch mit einer spirituellen Wegbegleitung.

5. Mit „heiligen" Texten und Kunstwerken leben. Die Gestaltung der Spiritualität

Schauen wir kurz zurück auf den bisher gegangenen Weg: Zunächst haben wir definiert, was Spiritualität ist: der Spirit, aus dem wir leben und der sich in konkreten Praktiken des Innehaltens manifestiert (Kapitel 1 und 2). Dann haben wir die spezifische Wahrnehmungsweise der Spiritualität beschrieben, ganzheitlich, mit allen Sinnen die Innenseite, das Geheimnis des Lebens, zu erspüren (Kapitel 3). Schließlich haben wir die prinzipielle Korrekturbedürftigkeit und -offenheit eines spirituellen Lebens thematisiert, die vor allem in der Begegnung mit Menschen aus Fleisch und Blut stattfindet (Kapitel 4).

Die in den nächsten beiden Kapiteln leitende Frage lautet nun: Wie kann Spiritualität gestaltet werden? Wie gelangen wir zu einer konkreten, für uns und unseren Alltag passenden spirituellen Praxis? Logischerweise kann diese Frage nicht durch eine Auflistung verschiedener Zutaten oder die Angabe einfacher Rezepte beantwortet werden. Gerade wenn in diesem Buch nach einer für alle Menschen unabhängig von Religion oder Weltanschauung hilfreichen Spiritualität gesucht wird, muss die Antwort formaler und allgemeiner bleiben. Sie lautet: Ein alltäglich praktiziertes spirituelles Leben braucht heilige Texte und Kunstwerke (Kapitel 5) sowie feste Zeiten und Orte für die ihnen zugeordneten spirituellen Praktiken (Kapitel 6).

Zunächst geht es in diesem Kapitel um den ersten Teil der These: Ein alltäglich praktiziertes spirituelles Leben braucht heilige Texte und Kunstwerke. Was ist hier unter „*heilig*" zu verstehen? Zunächst einmal meint „heilig" nicht „göttlich" oder „ewig". Auch wenn der Begriff häufig religiös überhöht wird, besteht keine Notwendigkeit, ihn so zu interpretieren. Im Rahmen einer „Spiritualität von unten", die von dem ausgeht, was menschlich ist, macht eine religiöse Überhöhung „von oben" keinen Sinn. „Heilig" wird daher zunächst einmal entsprechend dem lateinischen „sanctum" *deskriptiv* im Sinne von „das Innerste berührend, heilend, weitend" verstanden. Weitet man diese beschreibende Interpretation von einem Einzelereignis auf die gesamte Lebensspanne aus, kann „heilig" auch „lebensprägend" oder „sinngebend" meinen. Heilig ist in diesem Sinne ein Text, ein Musikstück oder ein Kunstwerk, das mir im tiefsten Inneren wohltut, mich berührt und verwandelt und für mein Leben prägend wird. Für Christen und Christinnen mögen dies einzelne Passagen der Bibel sowie bestimmte sakrale Kunstwerke oder Musikstücke sein, für Atheisten und Atheistinnen vielleicht Texte von André Comte-Sponville, Albert Camus oder einem anderen atheistischen Schriftsteller. Aber auch für sie kann die Bibel zum heiligen Text im eben definierten Sinne werden. „Sie werden lachen: die Bibel", hat der Schriftsteller Bertolt Brecht geantwortet, als er kurz nach dem überragenden Erfolg seiner „Dreigroschenoper" gefragt wurde, welches Buch ihm im Leben den größten Eindruck gemacht habe. Und umgekehrt kann ein Camus-Text natürlich auch für Christen und Christinnen zum heiligen Text werden. Die oben geforderte „Ökumene des Geistes" gilt in beiden Richtungen.

„Heilig" muss dann in einem zweiten Sinne auch *normative* Bedeutung haben, im Sinne von „unantastbar", entsprechend dem lateinischen „sacrum". Die uns heiligen Texte oder Kunstwerke lassen wir uns nicht einfach nehmen, denn sie bilden unser Lebensfundament. Von anders Denkenden erwarten wir daher Respekt und Behutsamkeit im Umgang mit ihnen. Das heißt nicht, dass die heiligen Dinge nicht kritisch hinterfragt oder zum Gegenstand von Analysen und Interpretationen gemacht werden dürften. Etwas heilig zu halten bedeutet keine Tabuisierung. Dies wäre voraufgeklärt und magisch. Nein, jeder Mensch muss das ihm Heilige immer neu darauf hin hinterfragen lassen, ob es dem Zusammenleben aller dient oder dieses bedroht. Aber umgekehrt bedeutet aufgeklärtes Denken nicht die völlige „Entsakralisierung" der Welt und des Lebens, wie man das lange Zeit meinte und das Ende der Religion prophezeite. Jeder Mensch braucht Überzeugungen, die ihm heilig sind und von denen er erwartet, dass andere sie respektieren. Und wenn sich diese Überzeugungen in einem Text oder einem Kunstwerk in besonderer Weise verdichten, partizipieren diese menschlichen Artefakte an der Heiligkeit der persönlichen Überzeugung. Was uns lebensprägend und sinngebend erscheint (sanctum), das wollen wir geschützt und geachtet sehen (sacrum).

„Heilig" in diesem normativen Sinn meint aber nicht „absolut" und „allerklärend". Es gibt Menschen, die mit Bibelzitaten nur so um sich werfen und diese als Totschlagargumente in jeder Auseinandersetzung verwenden. Oder die ständig auf ihre Lieblingsautorin oder Lieblingskünstler verweisen. Dann nehmen solche Texte oder Kunstwerke eher die Funktion eines Fetischs ein, an den sich die betreffende Person ängstlich festklammert. Heilige Texte oder Kunstwerke im hier definierten Sinn werden hingegen ehrfürchtig, fast scheu in Diskurse eingebracht. Ihre Heiligkeit mahnt ja, sie nicht wie „Perlen vor die Säue zu werfen" (Mt 7,6), sondern sie als etwas Besonderes, geradezu Intimes zu betrachten, das man nur mit vertrauten Menschen teilt, die damit ebenso ehrfürchtig umgehen können wie man selbst.

In diesem Kapitel spreche ich vorrangig von heiligen Artefakten, menschengemachten Kunstwerken. In der Regel machen sie unsere Überzeugungen ausdrücklicher zum Thema als natürliche Phänomene. Denn die Kunstschaffenden verdichten in ihren Kunstwerken eigene Erfahrungen in einer Weise, die über das in der Natur vorkommende Maß hinausgeht. Das schließt jedoch nicht aus, dass auch *Naturphänomene* wie ein Regenbogen, ein Sonnenaufgang oder die Geburt eines Kindes „heilig" sein können.

Innerhalb der menschengemachten Kunstwerke erreichen solche, die Texte einschließen, eine besonders hohe „Eindeutigkeit" (genauer müsste man von „besonders geringer Mehrdeutigkeit" sprechen). Textarme oder textlose Kunstwerke ermöglichen eine größere Breite der Interpretation, und je abstrakter sie sind, umso mehr gilt das. Unter den Artefakten gibt es also so etwas wie eine *Skala der Mehrdeutigkeit*. Dabei hat beides sein eigenes Recht und seine spezifische Bedeutung: Der relativ eindeutige Text ist klarer, prägnanter, gerade auch in seinem kritischen Potenzial. Das relativ vieldeutige textlose Kunstwerk vermittelt seine Botschaft unschärfer, kann dadurch aber mehr Menschen ansprechen und verbinden. Außerdem löst es häufig stärkere Emotionen aus als ein eher nüchterner Text. Hier liegt eine besondere Stärke von Liedern: Durch ihren Text haben sie eine vergleichsweise klare inhaltliche

Botschaft und sind relativ „eindeutig". Durch ihre Melodie und ihren Rhythmus lösen sie zugleich starke, aber mehrdeutige Emotionen aus und können so Menschen sehr unterschiedlicher Anschauungen verbinden. Das Lied vereint wie kaum eine andere Kunstform die beiden Pole unserer Skala der Mehrdeutigkeit.

Die meisten Kunstwerke wirken auf den Menschen über die *Sinne* und über die *Körperhaltungen bzw. -bewegungen*, in denen er sie aufnimmt. Sie sprechen also vor allem die sensomotorischen Areale des Gehirns an. Ein Musikstück, das uns heilig ist, wollen wir ohne jeden Begleitlärm und in bester Akustik anhören. Dabei sitzen wir aufrecht, um „ganz Ohr zu sein". Ein Bild oder eine Skulptur, die uns heilig ist, wollen wir in optimalem Licht und womöglich auch von mehreren Perspektiven aus betrachten. Auch dazu wählen wir eine entsprechende Körperhaltung. Schließlich werden sogar heilige Texte sinnenhaft wahrgenommen: über den Klang der Worte und den Rhythmus der Sätze. Oft lesen spirituelle Menschen die ihnen heiligen Texte sogar dann laut vor, wenn sie alleine sind. Die Motorik der eigenen Lippen- und Zungenbewegung gräbt den Text tiefer ins Gehirn ein, als es durch lautloses Lesen je möglich wäre. – Eine besondere Technik hält in diesem Sinne der Islam bereit: Dort lernen die Glaubenden, die Korantexte zu singen – nicht nach Noten oder vorgegebenen Melodien, sondern nach freier Eingebung aus dem Moment heraus, aber durchaus mit dem Anspruch, dass Text und Melodie einander entsprechen. So werden Koranverse zu Arien.

Aus der Gehirnforschung wissen wir um die Bedeutung der *Synästhesie*, also der Verbindung mehrerer oder aller Sinne und der Motorik in einer einzigen Wahrnehmung.

Synästhetische Wahrnehmungen haben eine besondere Intensität und eine sehr nachhaltige Wirkung in der Erinnerung. Daher bemühen sich fast alle spirituellen Traditionen darum, ihre Praktiken so synästhetisch wie möglich anzulegen. Je mehr unserer fünf Sinne an einer spirituellen Übung beteiligt sind und je ganzheitlicher die Körperhaltung oder -bewegung den Menschen von Kopf bis Fuß erfasst, umso prägender kann sie für das innere Leben werden. Lieder, die zu Instrumentalklängen selbst gesungen werden, werden in ihrer Wirkung verstärkt, wenn die Singenden sich im Rhythmus der Musik bewegen. Noch stärker wird die Wirkung, wenn optische Effekte wie Kerzenlicht oder olfaktorische wie Weihrauchduft dazukommen. Je umfassender die Sinne und die Motorik in spirituellen Praktiken aktiviert werden, umso nachhaltiger ist ihre Wirkung.

Die Beschäftigung mit heiligen Texten und Kunstwerken braucht die *Wiederholung*. Es geht darum, mit ihnen zu leben und sie zum Teil des eigenen Lebens zu machen. Wenn man Kindern eine Geschichte erzählt oder mit ihnen singt und tanzt, kommt sehr häufig am Ende die Aufforderung: „Noch einmal!" Für sie ist die Wiederholung berührender Lebensvollzüge uneingeschränkt faszinierend – sie können die Geschichte gar nicht oft genug hören, das Lied nicht oft genug singen. Denn sie messen die Qualität einer Geschichte oder eines Liedes nicht an ihrem Neuheitswert wie die Erwachsenen, sondern an ihrer existenziellen Tiefe. Das ist zumindest jenen Geschichten, Liedern und Kunstwerken viel angemessener, die wir als heilig betrachten. Erwachsene müssen sich mühsam aufraffen, altbekannte Texte wieder und wieder zu lesen oder tausendfach gesungene Lieder noch einmal zu singen. Aber ohne die vielfache Wiederholung wandern die

Texte und Kunstwerke nicht ins Herz, sondern bleiben uns äußerlich. Sie werden nicht Teil unserer Identität.

Wiederholung impliziert ein stetes Sich-Reiben an den heiligen Artefakten, was sowohl die Kritik an ihnen als auch das Sich-kritisieren-Lassen durch sie umfasst. Mitunter wird man durch einen Text oder ein Kunstwerk beschämt, wird einem die eigene Schuld vor Augen geführt. Manchmal wird aber auch umgekehrt ein Text oder ein Kunstwerk deswegen unerträglich, weil es einen blinden Fleck hat und bestimmte Opfer von Ungerechtigkeit und Gewalt übergeht. Biografisch betrachtet, erwerben sich spirituelle Menschen allmählich eine Geschichte mit ihren heiligen Texten und Kunstwerken. Je nach aktueller Stimmung und Lebenssituation lesen sie diese je neu und anders. Die Texte und Kunstwerke werden für sie auf Grund ihrer variierenden inneren Disposition reicher und immer reicher. Immer mehr von der eigenen Lebensgeschichte ist in ihnen zu erkennen. Natürlich kann die Befassung mit demselben Text oder Kunstwerk auch von außen her variiert werden: Man kann einen Text in verschiedenen Übersetzungen oder Sprachen lesen, ein Kunstwerk von verschiedenen Seiten betrachten oder verschiedene Interpretationen des Kunstwerks lesen. Auch die Synästhesie lässt sich variieren: Man kann denselben Psalm nach unterschiedlichen Melodien singen und ein Kunstwerk in unterschiedlichen Beleuchtungen oder mit unterschiedlicher Begleitmusik betrachten. Innere wie äußere Variationen inspirieren und vertiefen das Verständnis und festigen die Verinnerlichung heiliger Artefakte. Wiederholung ist im günstigen Fall ein lebendiger, kreativer Vorgang.

Eine der wichtigsten Früchte der Wiederholung ist die *größere Verfügbarkeit* heiliger Texte und Kunstwerke. Im Optimalfall kann man sie aus dem Gedächtnis abrufen, auch wenn sie nicht greifbar sind. Den Text oder Teile davon kann man zitieren, ein Bild sich vor Augen stellen, ein Musikstück „im Ohr haben". Durch diese Abrufbarkeit haben die heiligen Artefakte das Potenzial, zur Deutefolie einschneidender Ereignisse zu werden. Spirituell geschulten Menschen fällt in existenziellen Situationen fast immer ein Satz, ein Lied oder ein Kunstwerk ein, das ihnen hilft, ihre außergewöhnliche Situation zu verstehen und mit ihr umzugehen. Ich erinnere mich zum Beispiel daran, dass eine Bergsteigergruppe, die am Taschachgletscher in den Ötztaler Alpen mehrere hundert Meter tief abgestürzt war, den Sturz jedoch schwer verletzt überlebte, nach der Genesung an Ort und Stelle eine Tafel anbringen ließ mit dem Psalmvers: „Der Herr hat mich hart gezüchtigt, doch er hat mich nicht dem Tod übergeben" (Ps 118,18). Analog hat Bert Brecht viele Bibelzitate in seine Theaterstücke eingebaut, die im Textzusammenhang meist eine hohe Bedeutung haben. Auch der Satz, der auf Todesanzeigen die höchste Bedeutung hat, ist meist ein bekanntes Zitat. Texte und Kunstwerke, die wir oft und oft betrachtet haben, sind uns in Ausnahmesituationen verfügbar – und eine große Hilfe, um Unsagbares irgendwie doch ins Wort oder Bild zu bringen.

Schließlich macht sich die größere Verfügbarkeit oft wiederholter Artefakte auch bei Menschen bemerkbar, die an einer Demenz erkrankt sind. Wenn sie schon keinen zusammenhängenden Satz mehr sagen können, kommen ihnen doch manche der ihnen heiligen Texte und Lieder noch problemlos über die Lippen – so tief sind diese ins Gehirn eingegraben. Für Demente können das besonders trostvolle Momente sein, auch wenn sie darüber nicht mehr reflektieren können.

Von einigen heiligen Worten heißt es im Buch Deuteronomium folgendermaßen: „Diese Worte, auf die ich dich heute verpflichte, sollen auf deinem Herzen geschrieben stehen. Du sollst sie deinen Kindern wiederholen. Du sollst sie sprechen, wenn du zu Hause sitzt und wenn du auf der Straße gehst, wenn du dich schlafen legst und wenn du aufstehst" (Dtn 6,6–7). Gemeint sind jene Worte, die für jüdische Glaubende die wichtigsten Worte der Tora sind. Wer mag, kann in der Bibel nachlesen, worum es sich handelt. Es ist ein großes Geschenk, wenn man solche heiligen Worte oder Kunstwerke für sich gefunden hat. Und auch wenn diese im Laufe des Lebens wechseln können: Sie prägen unsere Persönlichkeit und geben ihr Halt und Tiefgang. Sie drücken unseren ganz persönlichen „Spirit" aus.

ÜBUNG 1: Aneignen eines Kunstwerks in verschiedenen Variationen

Lies einen klassischen Text in verschiedenen Übersetzungen derselben Sprache oder in verschiedenen Sprachen! Oder höre ein klassisches Musikstück in verschiedenen Aufnahmen! Lass die Verschiedenheit auf dich wirken und versuche, ihren Reichtum zu entdecken!

ÜBUNG 2: Erstellen heiliger Sammlungen

Erstelle eine Liste von Texten, die dir heilig sind. Schreibe sie handschriftlich in ein stilvolles Büchlein oder stelle sie im Computer zusammen. Betrachte diese Texte als deine „heilige Schrift", die du regelmäßig zur Hand nimmst, um darin zu lesen, und die im Laufe der Zeit erweitert und ergänzt werden kann.

Analog kannst du Bilder von dir heiligen Kunstwerken sammeln, sei es als Kunstkartensammlung, sei es durch das Herunterladen von Bilddateien aus dem Internet. Suche zu diesen Bildern verlässliche historische Informationen und gehaltvolle Interpretationen. Auch diese Sammlung solltest du regelmäßig zur Hand nehmen und betrachten. Im Laufe der Zeit kannst du sie erweitern und ergänzen.

6. Dem Leben Rituale geben.
   Orte und Zeiten der Spiritualität

Zu Beginn des dritten Jahrtausends haben die christlichen Kirchen im deutschen Sprachraum begonnen, eine Reihe neuer, persönlicher Segnungen anzubieten: die individuelle Segnung liebender Paare am Valentinstag, die Einzelsegnung von Ehepaaren anlässlich ihres Ehejubiläums, die Segnung von Tieren am Franziskustag oder dem Fest eines anderen Tierheiligen und eine Reihe weiterer individueller Segensfeiern im Jahreslauf. Der Zulauf zu diesen Segnungen ist erstaunlich groß und hat viele SeelsorgerInnen überrascht. Denn es kommen zahlreiche Menschen, die schon lange keine Kirche mehr von innen gesehen haben oder gar aus der Kirche ausgetreten sind, und auch Menschen, die nie einer Religion angehört haben. Selbst im säkularen Kontext des 21. Jahrhunderts sind Segnungen sehr gefragt.

In diesem Kapitel soll es nicht nur um Segnungen gehen, sondern um *Rituale* ganz allgemein. Der Bedarf an Ritualen hat, so stellt die Soziologie fest, in den letzten Jahrzehnten wieder erheblich zugenommen. Segnungen sind dafür ein Beispiel von vielen. Rituale sind überzeitliche, allgemeinmenschliche Phänomene und kulturelle Universalien.[49] Sie konstituieren und prägen die menschliche Kultur sehr elementar.[50] Angesichts dessen haben sich seit den 1970er Jahren die sogenannten ri-

---

49 Burckhard Dücker 2012, 166.
50 Barbara Stollberg-Rilinger 2004.

tual studies als eigener Forschungsbereich etabliert: Völlig unterschiedliche Wissenschaftsdisziplinen befassen sich intensiv mit der Erforschung von Ritualen. Rituale werden dabei als sich wiederholende, für bestimmte Situationen verbindliche Handlungssequenzen verstanden, die als symbolisch-kommunikative Ausdrucksformen das menschliche Erleben und Handeln begleiten.

Rituale werden von der sie praktizierenden Gemeinschaft als verdichtetes Lebenswissen tradiert. Da sie sich wiederholen, strukturieren sie das menschliche Erfahren von Raum und Zeit, von Lebensphasen und Einzelereignissen. Im Gesamt des menschlichen Lebens und Zusammenlebens erfüllen sie wie alle Normierungen – sofern sie gelingen – vor allem vier Funktionen:[51]

1) Orientierung/Deutung/Identitätsstiftung: Im Ritual werden Wertvorstellungen symbolisiert und tradiert, die dem Menschen helfen, sich in den Grundfragen des Lebens zu orientieren und auf sie eine Antwort zu finden. Die tradierende Gemeinschaft kennzeichnet ihr Wertgefüge durch symbolische Codes und richtet sich im Vollzug der Rituale auf dieses aus. Rituale repräsentieren individuelle und kollektive Identität. Man denke nur an Taufe und Eucharistie in ihrer Bedeutung für das Christentum, aber auch an das Singen der Nationalhymne bei verschiedensten Anlässen in ihrer Bedeutung für ein Land.

---

51 Vgl. Martin K. W. Schweer et al. 2012; Ana S. Iltis 2012.

2) Entlastung: Das Ritual als vorgegebene Deutung der Wirklichkeit entlastet den Einzelnen wie auch die Gemeinschaft, sich jede Sinnhaftigkeit und Bedeutung seines Lebens selbst zu erschließen. Es lädt ein, die vorgegebene Deutung als Angebot wahrzunehmen und sich ihr anzuvertrauen. Wer etwa bei einem Begräbnis den Sterberitualen der Kirche vertraut, befreit sich von dem Druck, innerhalb weniger Tage selbst eine Zeremonie zu entwerfen und in sie eine eigene Deutung des Sterbens hineinzulegen.

3) Schutz/Förderung: Rituale regeln und kanalisieren Konflikte und die Anwendung von Gewalt. Die sich unter Rituale stellende Gemeinschaft grenzt sich von willkürlicher Gewalt ab, erkennt aber zugleich die Anwendung verfasster Gewalt an.[52] So werden Einzelne wie auch die Gemeinschaft durch gelingende Rituale langfristig und umfassend geschützt und gefördert. Man denke einerseits an die Rituale zur Amtseinführung von Führungspersönlichkeiten, denen mit Hilfe des Rituals eine bestimmte, aber auch eingegrenzte Macht zuerkannt wird, andererseits an die Rituale der Aufnahme in eine Gemeinschaft, die dem neu Aufgenommenen bestimmte Rechte zuerkennen.

4) Integration/Stabilisierung: Rituale verbinden jene, die sie begehen. Stärker als fast alle nichtritualisierten gesellschaftlichen Vollzüge schweißen sie die teilnehmenden Individuen zusammen. So integrieren sie den Einzelnen in die Gemeinschaft und machen ihn „kompatibel" für die Mitmenschen. Zugleich stabilisieren sie die Gemeinschaft. Rituale sind eine Art individuelle

---

52 Victor Witter Turner 2005, 100–107.

und soziale Selbstvergewisserung und Selbstbestätigung. Der Preis, den Rituale dafür zahlen, liegt offen auf der Hand: Sie grenzen jene Individuen aus, die nicht an ihnen teilnehmen – ob freiwillig oder gezwungen. Das ist bei aller Wertschätzung immer im Blick zu behalten.

Freilich können Rituale vermittels der gleichen symbolisch-kommunikativen Mechanismen auch das Gegenteil dessen bewirken, was hier positiv formuliert wurde. Sie können Identität und Orientierung zerstören wie das Ritual der Genitalverstümmelung (1), belastende und das Leben behindernde Wirklichkeitsdeutungen auferlegen wie manche magischen Rituale (2), ungerechte und willkürliche Gewalt fördern und legitimieren wie die Rituale in den nationalsozialistischen Konzentrationslagern (3) oder eine Gemeinschaft durch die Erzeugung von Angst und Schrecken destabilisieren und desintegrieren wie manche Rituale beim Militär oder in Gefängnissen (4).[53]

Rituale haben also eine ambivalente Potenz. Sie sind nicht schon deswegen gut, weil sie Rituale sind. Um faktisch vorhandene Rituale nicht undifferenziert zu idealisieren, bedürfen wir eines reflektierten *Instrumentariums zu ihrer Unterscheidung*. Das generelle Kriterium wird sein, ob und wie weit ein Ritual dem Leben des einzelnen Menschen und der Gemeinschaft aller Lebewesen dient. Das hängt einerseits von der Symbolik des Rituals selbst ab, andererseits aber auch von seiner Deutung im begleitenden Wort. So kann zum Beispiel das Bringen der Erntegaben im Rahmen des Erntedankfests anthropozen-

---

53 Vgl. Dagmar Burkhart 2012.

trisch verstanden werden, wenn in den interpretierenden Worten allein auf den Nutzen für den Menschen abgehoben wird. Es kann aber auch biozentrisch verstanden werden als Dank für die Nahrung, die Menschen und Tieren geschenkt ist, und sogar ökozentrisch als Bitte, das Lebenshaus der Schöpfung sorgsam zu bewahren. Dasselbe Ritual kann also enger und weiter interpretiert werden.

Rituale können im Kontext einer Religion verankert sein, müssen es aber nicht. Auch zwischenmenschliche Beziehungen wie Partnerschaften oder Freundschaften kennen Rituale. Jede säkulare Gruppe, jeder Verein, jede Berufsgruppe hat Rituale. Immer aber weisen Rituale über die unmittelbare Realität hinaus, haben also transzendierenden Charakter. Sie greifen aus auf das Gesamt menschlichen Lebens, dem sie Sinn und Orientierung geben wollen. So sind Rituale immer auch *spirituell*, können als Ausdruck der Suche nach und des Gespürs für das Geheimnis des Lebens verstanden werden.

Rituale weisen eine wesentlich höhere Informationsdichte auf als Sprache.[54] Sie sind jedoch – solange sie nicht in sprachlichen Akten erklärt werden – *mehrdeutig.* Innerhalb einer gewissen Spannbreite lassen sie Raum für verschiedene Deutungen und können so Menschen miteinander verbinden, die zu einer bestimmten Frage inhaltlich unterschiedliche Positionen einnehmen.[55] Als Papst Franziskus in seinem ersten Amtsjahr 2013 die italienische Insel Lampedusa besuchte und dort die Reste eines Flüchtlingsboots für Altar und Ambo der Eucharistiefeier benutzte, konnten alle anwesenden Menschen dieses Ritual

54 Michael Rosenberger 2001.
55 Barbara Stollberg-Rilinger 2004.

mittragen. Hätte er aber eine Unterschriftensammlung für eine bestimmte politische Maßnahme zu Gunsten der Flüchtlinge durchgeführt, wäre die Teilnahmebereitschaft sicher erheblich gesunken.

Rituale sind sinnlich und richten sich daher weniger an das Denken der Beteiligten. Anders als Sprache wirken sie viel stärker auf ihre Emotionen ein. Weil es aber die Gefühle sind, in denen sich die grundlegenden Werterfahrungen von Menschen speichern und abbilden,[56] haben Rituale einen viel größeren Einfluss auf das moralische Verhalten von Menschen als abstrakte ethische Gebote oder Lehrsätze. Rituale sagen nicht nur etwas, sie tun und *bewirken etwas.*[57] In ihnen werden Wertkonflikte nicht nur aus sicherer Distanz angesprochen, sondern ausgetragen und im günstigen Fall auch befriedet. Wenn zum Beispiel zu den großen Gipfeltreffen der Weltpolitik stets ein Staatsbankett gehört, dann dient dieses Ritual dem einvernehmlichen Zusammenleben der Völker.

Spiritualität braucht Rituale und ist reich an ihnen. Solche Rituale sind zeitlich und räumlich verortet – ohne *feste Zeiten und klar erkennbare Orte* „funktionieren" sie nicht. Zeitlich sind Rituale insbesondere an den Schaltstellen, den sogenannten „Schwellen" (lateinisch limina) des Tages, des Jahres und natürlich auch des Lebens unschätzbar wertvoll.

---

56 Antonio Damasio 1999[4], 227–273.
57 Barbara Stollberg-Rilinger 2004.

- Am Tag: morgens gleich nach dem Aufstehen oder nach der Morgentoilette, abends vor dem Zu-Bett-Gehen oder dem Einschlafen, beim Aus-dem-Haus-Gehen und beim Nach-Hause-Kommen, zu Beginn und/oder zum Ende der Mahlzeiten.
- In der Woche: An den Sonntagen als den Ruhetagen, an den Abenden eines bestimmten Wochentags, die für eine Freizeitaktivität, eine Gruppe oder einen Verein reserviert sind.
- Im Jahreskreis: an den Festtagen des Jahres, die fast immer stark ritualisiert sind, ganz egal ob sie religiöser (Weihnachten) oder weltlicher (Silvester/Neujahr) Natur sind, an familiären Gedenktagen wie den Geburts- oder Todestagen der Angehörigen, in bestimmten Jahreszeiten wie der Fastenzeit.
- Im Laufe des Lebens: bei der Geburt eines Menschen, anlässlich des Erwachsenwerdens, zur Feier wichtiger Lebensentscheidungen wie der Heirat, beim Bau eines Hauses und schließlich anlässlich des Todes. Für all diese Stationen fungieren Rituale als „Framing" und prägen ganz entscheidend ihre Wahrnehmung.

Rituale haben ihre je eigene Zeit – und ihre eigenen Orte. Morgen- und Abendrituale finden im Regelfall zu Hause statt oder dort, wo jemand die Nacht verbringt. Rituale der Begrüßung und Verabschiedung spielen sich an der Haustür oder am Bahnhof ab. Der Kirchgang am Sonntagvormittag hat ebenso seinen festen Ort wie der Spaziergang am Sonntagnachmittag. Festtage besitzen oft eine außerordentlich strenge Topografie: Wehe, wenn man die Reihenfolge der Familienbesuche am ersten und zweiten Weihnachtstag einmal vertauschen möchte oder wenn man Silvester einmal bei anderen feiern möchte als bei denen, bei denen man bisher „immer" war. Örtliche Veränderungen können hier leicht zur Ursache tiefer Zerwürfnisse werden. – Das gilt übrigens analog für die Uhrzeiten: Wenn sich die Uhrzeit für den Sonntagsgottesdienst einer Pfarrei verändert, sitzen auf einmal ganz andere Menschen in der Kirche. Die deutschen Fußballfans kämpfen nicht ohne Grund seit Jahren gegen die Vielzahl der Anstoßzeiten von Bundesligaspielen: Was für die kommerzielle Verwertung der Fernsehrechte optimal ist, ist für ritualbewusste Fans ein Gräuel. Und für ein Bildungsministerium oder die Kultusministerkonferenz ist jede Veränderung der schulischen Lehrpläne leichter als die Verschiebung von Ferienterminen. Zeiten und Orte von Ritualen sind uns heilig.

Damit Rituale *spirituell* durchdrungen werden, bedürfen sie also einer stetigen selbstkritischen Reflexion und Weiterentwicklung. So wertvoll der Mechanismus ist, an Ritualen zunächst einmal unverändert festhalten zu wollen, so sehr kann er auf lange Sicht die eigene spirituelle Entwicklung blockieren. Rituale sind nicht unantastbar. Vielmehr gilt es, kontinuierlich zu fragen, ob sie noch angemessen sind, für die eigene Persönlichkeit und die Gemeinschaft förderlich. Diese Frage ist für jedes Ritual einzeln zu stellen, aber auch für das Ensemble der Rituale einer Person oder Gruppe. Eine zu große Zahl von Ritualen kann den Menschen ersticken oder auch psychisch abhängig machen – Letzteres besonders, wenn es sich um eine ängstliche Persönlichkeit handelt. Die Erzählung „Nicht nur zur Weihnachtszeit" (1966) von Heinrich Böll (1917, Köln – 1985, Kreuzau-Langenbroich) erzählt von einem solchen Fall, in dem die Unfähigkeit, ein Ritual auf seine vorgesehene Zeit zu begrenzen, eine ganze Familie zerstört. Umgekehrt kann der Mangel an Ritualen das Leben verarmen lassen.

Die Kunst besteht angesichts dessen in einer reflektierten *Ritualkultur*. Zu ihr gehört die Fähigkeit, sich die Gefühle bewusst zu machen, die ein Ritual im eigenen Herzen und im Herzen der anderen auslöst, und sie zu verstehen zu suchen. Zu ihr gehört die Wertschätzung der überlieferten Rituale, die es niemandem bis ins letzte Detail recht machen können, dafür aber unterschiedlichste Persönlichkeiten miteinander verbinden. Zu ihr gehört auch die Bereitschaft, sich von neuen Ritualen ansprechen und anregen zu lassen – gleich ob man sie für sich selbst übernimmt oder nicht. Zu ihr gehören schließlich der Mut und die Freiheit, Rituale einmal anders zu denken – und bei positiver Bewertung dieses Gedankenexperiments auch anders zu gestalten.

Solch eine Ritualkultur braucht der einzelne Mensch, aber auch jede Gemeinschaft – von der Familie bis zur globalen Völkergemeinschaft. Letztlich stellt eine solche Ritualkultur sicher, dass der „Spirit", der Menschen erfüllt, sich im Ritual ausdrücken kann und dass das Ritual dem „Spirit" aller, die daran teilnehmen, Entfaltungsmöglichkeiten eröffnet.

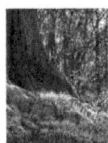

ÜBUNG: Mein Lieblingsritual des Tages

Ich betrachte aufmerksam mein Lieblingsritual des Tages: Wann im Tageslauf vollziehe ich es und wo? Bin ich dabei allein oder sind andere Menschen daran beteiligt? Seit wann praktiziere ich dieses Ritual? Habe ich es von anderen übernommen oder mir aus eigener Überlegung heraus selbst gegeben? Welche Wirkung hat dieses Ritual auf mich und gegebenenfalls auch auf andere? Hat es mich schon einmal genervt oder ist es rundherum passend für mich? Könnte ich mir das Ritual an dieser Stelle auch anders vorstellen oder ist es für mich so überzeugend, dass es keine Alternative gibt?

Ich vollziehe aufmerksam mein Lieblingsritual des Tages. Dabei achte ich auf meinen Körper, spüre die Sinneswahrnehmungen, die damit verbunden sind, und koste die Gefühle aufmerksam aus, die sich regen. Ich bin ganz gegenwärtig, ganz hingegeben an mein Ritual. – Diese Übung wiederhole ich einige Male, nachdem ich jeweils eine kurze Pause eingelegt habe.

7. Entscheiden können.
Spiritualität als Methode der Klärung

Kinder werden heute in Entscheidungssituationen von ihren Eltern und Erziehungspersonen fast immer gefragt, was sie wollen oder ob sie das zur Wahl Stehende überhaupt wollen. Im Gegensatz zu früheren Zeiten, in denen die Erwachsenen bestimmten, was die Kinder zu tun haben, entscheiden diese heute praktisch alles selbst – auch Angelegenheiten, deren langfristige Folgen sie noch zu wenig absehen können oder für die ihnen die Fähigkeit fehlt, die Perspektive anderer beteiligter Personen zu übernehmen. Die gute Absicht, das Kind möglichst viel selbst entscheiden zu lassen und diese Entscheidung dann zu respektieren, führt daher nicht immer zu einem guten Ergebnis. Trifft etwa ein Kind eine für die Erwachsenen offenkundig schädliche Entscheidung, müssen diese also, da sie dem Kind die Entscheidung freigestellt haben, was sie nicht mehr zurücknehmen können, das Kind umzustimmen versuchen – ein suggestiver Vorgang, der verdeckt, dass das Kind doch nicht selbst entscheidet.

Unser Umgang mit Kindern offenbart, was auch im Erwachsenenleben gilt: Die Autonomie jedes Menschen ist zum obersten Prinzip von Moral und Gesetzgebung geworden. Die freie Selbstbestimmung des Subjekts ist das zentrale Projekt der Moderne. Doch so richtig dieser Paradigmenwechsel grundsätzlich ist, so schnell kann er Menschen überfordern. Entscheiden will gelernt sein. Was also hilft, um gute Entscheidungen zu treffen? Wie können Menschen das Entscheiden lernen? Das ist von alters her als eine eminent spirituelle Frage betrachtet worden.

7.1 Das „Paradox der Wahl"

Zu Recht strebt die moderne Gesellschaft danach, dass Menschen ihr Leben möglichst selbstbestimmt leben und wichtige Entscheidungen möglichst autonom treffen können. Doch wird die Autonomie von zwei Seiten erheblich unter Druck gebracht: von außen durch eine Veränderung unserer Kommunikationsmittel und von innen durch die Eigengesetzlichkeit der Entscheidungen selbst.

Die Beeinträchtigung freier Selbstbestimmtheit *von außen* wurzelt in dem immer größeren Einfluss, den gesellschaftliche Gruppen über *die neuen sozialen Medien* auf den Einzelnen ausüben. Viele dieser Medien begünstigen, dass man nur noch Informationen und Meinungen jener Gruppen wahrnimmt, mit denen man sich ohnehin verbunden fühlt – die Sozialpsychologie nennt das den „Echokammer-Effekt". Plattformen, deren Information und Kommunikation alle Menschen einer Gesellschaft erreicht, schwinden im Internet 2.0 massiv. Autonomie im Sinne reifer, selbstkritischer Selbstbestimmung kann jedoch nur dort wachsen, wo eine lebhafte und offene Auseinandersetzung mit anderen Meinungen stattfindet. Diese ist zunehmend schwieriger möglich. Vereinfacht gesagt: Wo früher alle Männer eines Dorfes am Stammtisch versammelt waren und dort mitunter sehr beharrlich und kontrovers diskutierten, sucht heute jeder von ihnen die persönlich bevorzugte Newsgroup – auf Facebook und Co. kommunizieren nur noch „friends" miteinander. Und wenn sich jemand in einen fremden Kommunikationsraum begibt, dann vorwiegend, um dort gezielt einen Shitstorm oder Hatespeech zu entfachen. Persönliche Entscheidungen werden auf diese Weise weit weniger als im Prä-Internet-Zeitalter dem wohlwollend- und konstruktiv-kritischen Blick Dritter ausgesetzt. Sie gehen nicht mehr durch externe Prüfinstanzen – wenn man nicht bewusst solche sucht.

Die Beeinträchtigung freier Selbstbestimmtheit *von innen* ist allerdings noch gravierender. Sie liegt in dem Phänomen, das die Sozialpsychologie das „*Paradox der Wahl*" nennt. Zunächst, so besagt das Paradox, scheint es, dass die enorme Erweiterung der Wahlmöglichkeiten in der modernen „Multioptionsgesellschaft"[58] mehr Selbstbestimmung bewirkt. Der Mensch kann viel mehr Angelegenheiten selbst entscheiden und braucht viel weniger Dinge hinnehmen, die ihm von außen vorgegeben werden. Doch sobald die Wahlmöglichkeiten eine bestimmte Menge übersteigen, nimmt die Fähigkeit des Menschen zur überlegten Selbstbestimmung ab. Es kommt zur „Tyrannei der Wahl", weil die grenzenlosen Wahlmöglichkeiten den Menschen in seiner Entscheidung lähmen.[59]

Die unmittelbare Ursache dieser Lähmung ist die zu hohe Zahl der Optionen:[60] Je mehr Optionen es gibt, umso wahrscheinlicher ist es, dass man nicht die optimale Entscheidung trifft, und umso schwieriger und aufwändiger wird es, für alle Optionen die Informationen einzuholen, die für eine gute Entscheidung nötig sind. Die mittelbare

---

58 Peter Gross 1994.
59 Barry Schwartz 2000, 81.
60 Ebd., 86–87.

Ursache dieser Lähmung menschlicher Entscheidungsfähigkeit liegt in den Resonanzen, die die hohe Zahl der Wahlmöglichkeiten im Menschen selbst auslöst:[61] Je mehr der Mensch selbst entscheiden kann, umso mehr setzt er sich unter den Anspruch, das auch perfekt zu tun, und umso mehr schreibt er das Glücken oder Scheitern seines Lebens allein sich selbst und nicht mehr äußeren Umständen oder einem Schicksal zu. Zusammengefasst kann man sagen: Wenn die Wahlmöglichkeiten eines Menschen eine gewisse Zahl übersteigen, wird seine Wahl immer schwieriger, und zugleich steigen seine Ansprüche an das Gelingen der Wahl massiv. Die daraus resultierende Spannung ist kaum zu bewältigen.

Dass die Thesen von Barry Schwartz keine Fiktion darstellen, sondern empirisch nachweisbar sind, haben Sheena S. Iyengar und Mark R. Lepper[62] eindrucksvoll gezeigt. In drei Versuchsreihen untersuchten sie, welche Auswirkungen es auf die Versuchspersonen hatte, wenn sie aus sechs oder aus 24 bzw. 30 Möglichkeiten wählen mussten. Dabei ging es in zwei Fällen um Konsumentscheidungen (Marmelade bzw. Schokolade), in einem Fall um die Wahl einer Aufgabe im Rahmen einer Psychologieklausur. In allen drei Fällen hatten die Versuchspersonen den Eindruck, dass 30 eine zu große Auswahl sei, während sie sechs Möglichkeiten „absolut richtig" fanden. Dementsprechend fanden sie die Wahl aus 30 Möglichkeiten schwieriger und frustrierender als die Wahl aus sechs Möglichkeiten. Nach erfolgter Wahl waren jene Personen viel zufriedener, die nur aus sechs Alternativen

---

61 Ebd., 85–86.
62 2000, 995–1006.

wählen mussten. Allerdings waren diejenigen am unzufriedensten, denen man gar keine Wahl gegeben hatte. Schließlich, und das ist der eigentliche Clou, ließ sich zeigen, dass in allen drei Experimenten eine größere Anzahl der Versuchspersonen eine Wahl traf, wenn es nur sechs Wahlmöglichkeiten gab. Die subjektiv empfundene Qualität einer Wahl und die objektive Quantität vollzogener Wahlentscheidungen sind also bei einer mittleren Zahl von Möglichkeiten am höchsten, wobei Iyengar und Lepper ausdrücklich betonen, dass die Bestimmung der mittleren Zahl von den Individuen und ihren Kulturen abhängig ist.

Die volle Dramatik des „Paradoxes der Wahl" kann man vermutlich kaum unterschätzen. Man denke nur an die seit Jahrzehnten immer weiter steigende Häufigkeit von frei gewählten Arbeitsplatz- und Berufswechseln, an die Scheu, sich längerfristig in einem Ehrenamt zu binden, und an die stetig sinkenden Heiratsquoten. Ganz zu schweigen von der wachsenden Scheu, sich an eine Religionsgemeinschaft zu binden. Wohlgemerkt: Die Heiratsquoten sinken nicht allein zugunsten unverheiratet zusammenlebender Paare, sondern vor allem zugunsten von Singlehaushalten – selbst bei Menschen, die eine feste Paarbeziehung pflegen. Schon das Zusammenziehen in einen gemeinsamen Haushalt ist heute eine Entscheidung, die vielen Paaren schwerfällt.

7.2 Die „Unterscheidung der Geister"

Angesichts dieses Befunds stellen sich etliche Fragen: Wie kann zur Wahl ermutigt werden? Wie kann eine gute Wahl gelingen? Welche Hilfsmittel gibt es dafür? Und welche Methode kann die nachhaltige Zufriedenheit mit einer Wahl wahrscheinlicher machen? Genau auf diese Fragen versucht die klassische Methode der „Unterscheidung der Geister" der christlichen Spiritualität eine Antwort zu geben. „Unterscheidung der Geister" meint dabei ursprünglich die Unterscheidung zwischen einem bösen und einem guten Geist. In früheren Zeiten stellte man sich vor, dass einem die Gedanken zu einer Wahlentscheidung von real existierenden unsichtbaren Geistern eingegeben werden. Auch wenn wir uns das heute nicht mehr so vorstellen: Es bleibt richtig, dass unter den eigenen Überlegungen zu einer anstehenden Wahlentscheidung manche trügerisch und irreführend und andere sachgerecht und zielführend sind. Das Problem besteht also darin, die einen von den anderen zu unterscheiden – und das ist alles andere als trivial.

Der Meister der Lehre von der Unterscheidung der Geister ist *Ignatius von Loyola*. Er hatte in unübertroffenem Maße die Gabe, sich selber in die Seele zu schauen und seine inneren Prozesse – Gedanken wie Gefühle – unvoreingenommen und höchst präzise wahrzunehmen. Daraus hat er, lange bevor er in Paris sein akademisches Studium aufnahm, eine Praxisanleitung für das Treffen einer guten Entscheidung zusammengestellt. Als spiritueller Wegbegleiter vieler Menschen konnte er diese Praxisanleitung auf die Probe stellen und schließlich in eine endgültige Form bringen. Fünf Phasen prägen nach Ignatius den Prozess einer Entscheidung von großer Tragweite:

In einer ersten Phase – Ignatius nennt sie „*Prinzip und Fundament*"[63] – geht es darum, für jede Entscheidungs-

---

63 Ignatius von Loyola, Geistliche Übungen Nr. 23.

möglichkeit offen zu werden. Oft sind wir ja schon vorentschieden, haben bereits eine Präferenz – sei es, weil eine bestimmte Wahlmöglichkeit bequemer scheint, weil sie mehr Ansehen oder Geld bringt oder weil sie aus einem anderen Grunde besonders attraktiv ist. Ignatius rät dazu, solche unbewussten Präferenzen abzulegen und sich um echte innere Freiheit zu bemühen. Ziel ist es, dass man vorbehaltlos bereit wird, jene Wahlmöglichkeit zu ergreifen, die sich als die richtige erweist – auch wenn sie unbequem, unattraktiv oder unansehnlich ist. Ignatius nennt die *Haltung der Vorbehaltlosigkeit* „Indifferenz". Gemeint ist damit nicht Gleichgültigkeit, sondern die Bereitschaft, die Option anzunehmen, die sich als richtig erweist: Von mir her soll ich unvoreingenommen und ohne Präferenzen sein, damit allein die Sache selbst mir die richtige Präferenz zeigen kann.

Wie kann man diese Indifferenz erlangen? Ignatius rät dazu, die *Gutheit der Welt und des eigenen Lebens* wahrzunehmen. Je deutlicher jemand diese Gutheit wahrnimmt, je tiefer sie in sein Herz gesunken ist, je mehr sich jemand in diesem Leben aufgehoben und geborgen fühlt, umso leichter kann er sich von eigenen Wünschen und Präferenzen lösen und völlig frei an die anstehende Entscheidung herangehen. Zu Beginn des Entscheidungsprozesses geht es also darum, das eigene Urvertrauen neu zu fühlen und intensiv zu spüren, wie sehr einen dieses Urvertrauen trägt. Das gilt auch für Menschen, die auf Grund ihrer Lebensgeschichte wenig Vertrauen vermittelt bekommen haben. Ignatius vertraut darauf, dass in jedem und jeder von uns ein Funken Vertrauen steckt – und diesen im eigenen Inneren zu erspüren und zu nähren ist die erste große Aufgabe.

In der zweiten Phase – Ignatius, der von einem vier-
wöchigen Prozess intensiver Überlegungen und Betrachtungen ausgeht, nennt sie die *„erste Woche"*[64]– geht es um
die *Auseinandersetzung mit den dunklen Momenten der eigenen
Lebensgeschichte* und der eigenen Identität. Darunter mögen
solche sein, die man selbst verschuldet hat, aber auch solche, für die man selber nichts kann, die jedoch das eigene
Leben prägen. Solange solche dunklen Momente nicht
verarbeitet sind, werden wichtige Entscheidungen von
ihnen negativ beeinflusst – ob bewusst oder unbewusst.
Man muss die Unheilsgeschichte des eigenen Lebens also
so weit durchgearbeitet haben, dass man sich innerlich
von ihr lösen und befreien kann und dass sie die eigenen
Gedanken und Gefühle nicht mehr beherrscht. Mitunter
kann dazu eine Therapie oder zumindest eine Begleitung
durch eine kompetente Fachperson nötig sein. In jedem
Fall aber braucht es Mut, den eigenen Schattenseiten ins
Gesicht zu schauen und sich mit ihnen zu konfrontieren.
Denn sie gehören zur eigenen Persönlichkeit.

Für Ignatius geht es aber nicht primär um ein rational-
analysierendes Anschauen der dunklen Seiten des eigenen Lebens, sondern um das emotional-betroffene
Sich-Hineinfühlen. In dieser Phase soll der Mensch
die Abgründe der eigenen Person intensiv fühlen – und
mit allen Sinnen wahrnehmen: sie in möglichst leben-
digen Phantasieübungen riechen, schmecken, ertasten,
hören und sehen. Das wird starke Gefühle hervorrufen – Gefühle des Ekels, der Scham, der Trauer, des
Schmerzes und der Reue. Das innere Freiwerden, das es
für eine gute Entscheidung braucht, kann nur durch den

---

64 Ebd., Nr. 24–90.

Feuerofen einer inneren Läuterung hindurch gewonnen werden.

Die dritte Phase – in ignatianischer Terminologie die „*zweite Woche*"[65] – dient der unmittelbaren *Vorbereitung und Durchführung der Entscheidung.* In dieser Phase mag es hilfreich sein, sich nüchtern und sachlich alle Argumente pro und contra für jede vorhandene Handlungsoption aufzulisten und diese gegeneinander abzuwägen. Aber diese rationale Herangehensweise allein wird niemanden dazu bringen, von einer bestimmten Option überzeugt zu sein und sie zu wählen. Die distanzierte, rationale Betrachtung ist nur die Vorbereitung für den eigentlichen Entscheidungsprozess. Mitunter kann sie völlig inakzeptable Optionen ausscheiden und erweist sich als ein erster, vorrangig negativer Filter. Die optimale Wahlmöglichkeit vermag sie jedoch nicht positiv zu bestimmen. – Wie vollzieht sich dann die eigentliche Entscheidung? Ignatius schlägt hierfür folgende Methode vor:

- Stelle dir separat jede mögliche Handlungsoption so anschaulich wie möglich vor. Versuche sie in deiner Phantasie mit allen Sinnen zu durchleben. Rieche sie, schmecke sie, ertaste sie, höre sie und schaue sie. Achte darauf, welche Gefühle sich bei dir einstellen.

- Erinnere dich an eine Situation deines Lebens, die dir zweifelsfrei rundherum gut erscheint, in der du ungetrübt glücklich warst. Versuche auch sie in deiner Phantasie mit allen Sinnen zu durchleben. Rieche sie, schmecke sie, ertaste sie, höre sie und schaue sie. Achte wiederum darauf, welche Gefühle sich bei dir einstellen.

---

65 Ebd., Nr. 91–189.

- Vergleiche die Gefühle, die sich beim Vorstellen jeder einzelnen Handlungsoption geregt haben, mit den Gefühlen, die die Vorstellung der zweifelsfrei durch und durch glücklichen Situation deines Lebens hervorgerufen hat. Klingen die Gefühle beider Vorstellungen zusammen, dann könnte es sich um die richtige Handlungsoption handeln. Klingen sie nicht zusammen, dann eher nicht.
- Nun kann aber ein kurzfristig auftretendes Gefühl täuschen und auf die falsche Fährte führen. Wiederhole daher die vorher genannten drei Schritte mehrfach und prüfe, ob die sich einstellenden Gefühle die gleichen bleiben. Wenn ja, dann hat sich die richtige Entscheidung herauskristallisiert. Wenn nein, wiederhole den Dreischritt so oft, bis dies der Fall ist.

In der Entscheidungsphase der „zweiten Woche" geht es also darum, die eigenen Gefühlsregungen (Ignatius nennt sie „Seelenbewegungen"), die sich bei der Vorstellung einer möglichen Handlungsoption einstellen, auf lange Sicht zu beobachten und über den Vergleich mit den Gefühlen einer zweifelsfrei glücklichen Situation (Ignatius nennt sie „Tröstung ohne vorhergehende Ursache") auf ihre Gutheit zu prüfen. Ergänzend kann man zu erspüren suchen, ob diese Gefühlsregungen auf lange Sicht zu mehr Vertrauen, Hoffnung und Liebe führen.[66] Auf diese Weise wächst allmählich eine hinreichende Klarheit, um eine Entscheidung zu treffen.

Die vierte Phase – bei Ignatius die „*dritte Woche*"[67] – dient dazu, die bereits getroffene Entscheidung auf Herz

66 Ebd., Nr. 316.
67 Ebd., Nr. 190–217.

und Nieren zu prüfen. Das gelingt am besten durch das Vorstellen von *„Worst-Case-Szenarien"* unter der Frage, ob man damit zurechtkäme. Bewusst betrachtet Ignatius diese Worst-Case-Szenarien nicht schon in der vorangehenden Phase, denn da würden sie die noch unentschiedene Person entmutigen und erdrücken. Er hat das am eigenen Leib erlebt, als er überlegte, ein Leben in vollkommener Armut zu führen: Die Gefühle des Frusts und der Depression waren so stark, dass er sie als Gift für seine Seele entlarven und sich zu diesem Zeitpunkt das Vorstellen eines Worst Case verbieten musste.[68] Zugleich ist es aber wichtig, sich mit möglichen Schwierigkeiten einer folgenreichen Entscheidung noch vor deren Realisierung auseinanderzusetzen. Ignatius will darauf keineswegs verzichten, weil sonst die Gefahr bestünde, dass man später die verbindlich eingegangene Entscheidung aufgibt und ihr untreu wird. Dem dient die dritte Woche. Da die Entscheidung bereits gefällt ist, ist die betreffende Person in dieser Phase innerlich gestärkt und hat genügend Kraft gesammelt, um sich in den Sturm möglicher Einwände zu stellen.

Wie schon in den vorangehenden Phasen sind die Gefühle entscheidend für das Gelingen. Es geht um ein Sich-Hineinfühlen in das Worst-Case-Szenario, um ein ganzheitliches Sich-Aussetzen: Wie fühlt sich das an, wenn ich mir den schlechtesten denkbaren Fall vorstelle, der mir im Rahmen meiner kurz zuvor getroffenen Entscheidung passieren kann? Kann ich die Last tragen, die mir damit auferlegt wäre? Kann ich das Leid aushalten, das ich dann

---

68 Vgl. Ignatius von Loyola, Der Bericht des Pilgers, Nr. 20.

erführe? Durch solche Fragen wird die „dritte Woche" noch einmal zu einem wichtigen Prüfstein.

Ganz anders stellt sich die fünfte und letzte Phase – ignatianisch die *„vierte Woche"*[69] – dar: In ihr kann die getroffene und durch das Worst-Case-Szenario auf Herz und Nieren geprüfte Entscheidung unbefangen genossen werden. Nach vier anstrengenden und herausfordernden Phasen auf dem Weg zu einer guten Entscheidung stehen jetzt *Freude und Dankbarkeit* im Mittelpunkt. Der entschiedene Mensch darf es sich einfach einmal gut gehen lassen. Das tut er vor allem durch die Betrachtung der schönen Seiten der getroffenen Entscheidung und durch die Vorstellung, was ihm die Verwirklichung dieser Entscheidung im „Best-Case-Szenario" alles schenken könnte.

Fünf Schritte sind es nach Ignatius zu einer guten Entscheidung. Bei allen spielt die Wahrnehmung der Gefühle die zentrale Rolle. Sie werden einer doppelten Kritik unterzogen: der Kritik durch die Vernunft, indem man rationale Argumente pro und contra ins Kalkül zieht; vor allem aber der Kritik durch die Gefühle selbst: Der spirituelle Mensch soll sich in die Gefühle einfühlen, sie über längere Zeit verfolgen, um schließlich Klarheit darüber zu gewinnen, welche Gefühle ihm die richtige Entscheidung anzeigen und welche nicht.

Trifft *eine Gemeinschaft* eine wichtige Entscheidung, sieht der Weg dorthin nach Ignatius kaum anders aus.[70] Das hat Ignatius vorexerziert, als er mit seinen ersten neun Gefährten an die Gründung des Jesuitenordens ging. Frage für Frage, Entscheidung für Entscheidung ging die

69 Ignatius von Loyola, Geistliche Übungen Nr. 218–229.
70 Vgl. Michael Rosenberger 2018, 344–346.

Gruppe der Zehn nach derselben Methode vor, wie sie sie als Einzelne bereits jahrelang eingeübt hatten. Allerdings sind beim gemeinsamen Entscheiden zwei ergänzende Regeln zu beachten:

- Außerhalb der gemeinsamen Beratungen darf niemand mit einem anderen Mitglied der Gemeinschaft über seine Wahrnehmungen und Überlegungen sprechen. Was die anstehende Entscheidung betrifft, wird ausschließlich im Plenum der Gruppe besprochen. Damit will Ignatius einerseits sichern, dass die inneren Prozesse der Einzelnen ungestört ablaufen können. Andererseits schiebt er jeglicher Intrige einen Riegel vor: Keinesfalls sollen einige hinter dem Rücken der anderen bereits eine Vorentscheidung fällen. Die Beratung soll unter voller Transparenz und Gleichberechtigung aller Gruppenmitglieder ablaufen.
- Die Mitglieder der Gruppe sollen damit rechnen, dass zwei von ihnen völlig gegenteilige Positionen vertreten und trotzdem beide etwas Wichtiges zur Entscheidungsfindung beizutragen haben. Für Ignatius geht es nicht um die Frage, wer Recht hat und wer nicht, sondern was aus der jeweiligen Position beider gelernt werden kann.

Mit diesen beiden Ergänzungen lassen sich auf der Basis der klassischen Unterscheidung der Geister gemeinsame Entscheidungen gut und nachhaltig treffen.

7.3 Die mögliche spirituelle Horizonterweiterung

Bisher habe ich einen durchgehenden Zug der ignatianischen Lehre bewusst außen vor gelassen: die Möglichkeit, in allen fünf Phasen des Entscheidungsprozesses die eigene Handlungsoption *mit einer Situation aus dem Leben einer anderen Person zu vergleichen.* Diese Situation eines anderen Menschen würde dabei an die Stelle der zweifelsfrei glücklichen Situation aus dem eigenen Leben treten, die Ignatius „Tröstung ohne vorhergehende Ursache" nennt (s. o.) und mit der man im Laufe des Entscheidungsprozesses jeweils die Zukunftsszenarien des eigenen Lebens vergleichen soll.

Für Ignatius als gläubigen Christen ist klar, welche Personen sich als Referenzpersonen eignen: Jesus von Nazaret und jene Menschen, die ihm begegnet sind. Und da er seine spirituelle Wegbegleitung fast ausschließlich Christinnen und Christen angeboten hat, darf er dieselbe Evidenz bei ihnen voraussetzen. Damit werden die Erzählungen der Evangelien zu den Referenzereignissen für die tatsächlichen und möglichen Szenarien des eigenen Lebens. Der spirituelle Christ liest sein eigenes Leben auf der Folie des Lebens Jesu und derer, die mit ihm zusammen waren. Das bedeutet eine Relativierung der eigenen Biografie und weitet den Blick über die eigenen Sorgen und Wünsche hinaus. Die Gefahr, sich im Entscheidungsprozess selbst zu bespiegeln und in sich selber gefangen zu sein, verringert sich erheblich.

Dabei besteht die Kunst darin, *je nach Phase* die passenden biblischen Erzählungen zu betrachten:

- In der ersten Phase geht es darum, die Gutheit der Welt und des eigenen Lebens wahrzunehmen, um auf dieser Basis die Haltung der Indifferenz, der Vorbehaltlosigkeit zu erlangen. Emotional geht es um das Erspüren des eigenen Urvertrauens. Als Vergleichsfolie eignen sich in dieser Phase die Erzählungen von der Geburt, Kindheit und Jugend Jesu.

- Die zweite Phase dient der Auseinandersetzung mit den dunklen Momenten der eigenen Lebensgeschichte. Emotional geht es um Scham und Schmerz, Trauer und Reue. In dieser Phase eignen sich als Hintergrundfolie Erzählungen von den Krankenheilungen und von Jesu Umgang mit den Ausgegrenzten und den Sünderinnen und Sündern.
- In der dritten Phase geht es um das Treffen der Entscheidung. Emotional soll ein Gefühl der Klarheit wachsen. Als Vergleichsfolie eignen sich daher die Erzählungen von der Berufung der Jünger und Jüngerinnen, die Nachfolgesprüche Jesu sowie die Bergpredigt.
- Die vierte Phase dient mit der Betrachtung des Worst Case der strengen Prüfung, ob die zuvor getroffene Entscheidung tragfähig ist. Hier sind die Gefühle von Schmerz, Enttäuschung sowie Hingabe und Leidensfähigkeit besonders wichtig. Als Interpretationsfolie schlägt Ignatius die Leidensgeschichte Jesu vor.
- In der fünften und letzten Phase soll die getroffene Entscheidung genossen werden. Freude und Dankbarkeit sind vorherrschende Emotionen. Folglich eignen sich besonders die Ostererzählungen der Evangelien.

Auch wenn die Evangelisten an Jesus als den Messias glauben und dies in verschiedenen Erzählungen anklingen lassen, können ihre Erzählungen von Jesus auch als Erzählungen vom Leben eines besonderen Menschen gelesen werden. Es ist der Mensch Jesus von Nazaret, der für sich selber einen entschiedenen Weg gegangen ist und andere Menschen in seinem Umfeld ermutigt und befähigt hat, ihrerseits entschieden zu leben. Daher spielt die Frage, ob dieser Jesus „Gottes Sohn" ist, auf dem ignatianischen Entscheidungsweg eher eine untergeordnete Rolle (wenngleich Ignatius davon zweifellos überzeugt war!). Insofern könnten auch Anders- oder Nichtglaubende den Lektürevorschlägen des Ignatius folgen – vielleicht mit Ausnahme der Ostererzählungen in der fünften Phase, in denen das Glaubenszeugnis eine weit stärkere Rolle spielt. Sie können die ignatianische Idee aber auch problemlos als Inspiration für einen Transfer nutzen: Wenn sie sich zu den Phasen passende säkulare Literatur suchen oder in den Erzählungen eines anderen heiligen Buchs fündig werden (Juden und Jüdinnen beispielsweise werden in ihrer Bibel reichlich Stoff entdecken), kann das für die spirituelle Gestaltung eines Entscheidungsprozesses ebenso wertvoll sein. Denn primär geht es darum, den Blick auf das eigene Leben durch den Blick auf die Lebenserfahrung anderer Menschen zu weiten und zu relativieren. Und dafür gibt es zahlreiche höchst wertvolle Quellen.

7.4 Klassische Spiritualität und moderne Hirnforschung

In den Wirtschaftswissenschaften wird gegenwärtig weithin mit einer Entscheidungstheorie gearbeitet, die sich Rational-Choice-Theorie nennt. Sie schreibt handelnden Subjekten, also wirtschaftlichen Akteuren, rationales Verhalten zu, gemäß dem diese ein nutzenmaximierendes und kostenminimierendes Verhalten zeigen. Während diese Theorie in den Wirtschaftswissenschaften dominiert, stellt sie in anderen Sozialwissenschaften einen

Ansatz unter mehreren dar. Mittlerweile wird sie vor allem durch die empirische Ökonomie stark in Frage gestellt: Experimente zeigen, dass die Menschen nicht so cool und berechnend entscheiden, wie das die Theorie behauptet.

Neuere Ergebnisse der Hirnforschung machen klar, dass das auch gar nicht möglich wäre. Dabei berufen sie sich auf verschiedene Beobachtungen bzw. medizinische Fälle, von denen ich drei erwähnen möchte. Der erste: Im Sommer 1848 passiert bei Sprengarbeiten für den Bau einer Eisenbahn in Vermont (USA) ein Aufsehen erregender Unfall. Dem Vorarbeiter Phineas Gage wird aus eigener Unachtsamkeit eine zentimeterdicke Eisenstange mit hoher Geschwindigkeit schräg durch den Schädel katapultiert. Zum Erstaunen aller kann er aber trotz des sichtbaren Loches quer durch den Kopf schon wenige Minuten später wieder gehen und reden. Erst nach Monaten fallen Veränderungen seiner Persönlichkeit auf: Sein Verantwortungsbewusstsein und sein soziales Verhalten sind restlos zerstört. Trotz intakten Erkenntnisvermögens kann er keinen normalen Beruf mehr ausüben. Sein Leben endet in einer menschlichen Katastrophe. Obgleich es damals nicht möglich ist, diese tragische Entwicklung medizinisch zu erklären, dokumentiert ein Landarzt den Fall so minutiös, dass er bis heute der Referenzfall der Neurologie geblieben ist.

Einen ähnlichen Fall erlebt der Neurologe Antonio R. Damasio Anfang der 1970er Jahre. Er nennt ihn pseudonym den „Fall Elliot": Ein Mann im Alter von etwa 35 Jahren, der einen gutartigen Hirntumor direkt über der Nasenhöhle hat, wird erfolgreich operiert, wobei aber ein geringer Teil des den Tumor umgebenden Hirngewebes im sogenannten präfrontalen Cortex, einer Region direkt hinter der Stirn, leicht oberhalb der Nase, zwangsläufig mit entfernt werden muss. Folgendes unerwartete Ergebnis stellt sich ein: Alle rationalen Fähigkeiten Elliots bleiben unverändert, er ist weiterhin intelligent und besitzt ungeheure Kenntnisse und Fertigkeiten. Gestört ist aber seine Fähigkeit, die Zukunft zu planen, zu urteilen und zu entscheiden – so, „dass er nicht mehr als verlässliches Mitglied der Gesellschaft handeln konnte"[71]. Wegen seiner Unzuverlässigkeit verliert Elliot seinen Arbeitsplatz und lebt fortan antriebslos vor sich hin. Außerdem beobachtet Damasio bei ihm eine ungewöhnliche emotionale Distanz, auch zur eigenen Biografie und zu bewegenden Ereignissen derselben. Die Erinnerung ist sehr gut, aber Freude und Schmerz über eigene Erfahrungen bleiben völlig aus. „Wissen, ohne zu fühlen" – so fasst Damasio den Zustand seines Patienten zusammen.[72]

Schließlich kennt die Neurologie die Anosognosie, die Unfähigkeit, eine Krankheit als die eigene zu realisieren: An Anosognosie Erkrankte wissen um ihren oft lebensbedrohlichen Krankheitszustand, können diesen betreffend aber keinerlei Emotionen empfinden. Sie wissen zum Beispiel, dass es ihre eigene linke Körperhälfte ist, die irreversibel gelähmt ist. Aber statt Trauer oder Verzweiflung empfinden sie eine unerschütterliche Heiterkeit und Gleichgültigkeit. Der betroffene Körperteil wird zwar als eigener *erkannt*, aber nicht als solcher *empfunden*. Man könnte geneigt sein, das als stoische Apathie positiv zu bewerten. Die Tragik ist aber, dass Menschen sich in einer solchen Gefühllosigkeit nicht aktiv an ihrer Ge-

---

71 Antonio R. Damasio 1999[4], 68.
72 Ebd., 78.

nesung und Rehabilitation beteiligen. Sie bleiben völlig passiv.

Im Falle der Anosognosie ist nicht dieselbe Gehirnregion geschädigt wie in den zuvor genannten Fällen. Jedoch ist in allen Beispielen der völlige Ausfall der Gefühle zu registrieren. Deshalb verbindet Damasio die genannten Fälle zu einer Arbeitshypothese: Gefühle sind relevant, ja unerlässlich für Sozialverhalten und ethische Entscheidungen des Menschen. Insgesamt handelt es sich bei dem System, das im Körper Emotionen erzeugt und diese als Gefühle im Gehirn abbildet, um einen „Tendenzapparat",[73] um ein Bewertungs- und Deutungssystem. Aus der für das Denken schier unübersehbaren Faktenfülle wird, gesteuert durch Emotionen, ein winziger Teil ausgewählt, den das Denken dann erwägen und einer nochmals emotional gelenkten Entscheidung zuführen kann.

Gefühle repräsentieren also verdichtete Werterfahrungen des Menschen. Ihnen verdanken wir es, dass der Geist zu Intuition und Kreativität fähig ist. Ohne Gefühle würden diese ureigenen menschlichen Fähigkeiten überhaupt nicht möglich sein. Und genau der präfrontale Cortex ist das neuronale Netz des Gehirns, das für den Erwerb der Gefühle verantwortlich ist. Fällt er aus, kommt es zu den erwähnten verheerenden Folgen.

Gegen die Rational-Choice-Theorie ist also festzuhalten: Entscheidungen werden nicht rein rational, aus kühler Distanz und Berechnung gefällt. Entschiedenheit lässt sich nicht realisieren ohne die wechselseitige Verbindung von Denken und Fühlen. Was die spirituelle Tradition der Unterscheidung der Geister schon vor Jahrhunderten

---

73 Ebd.,239.

entdeckt und fruchtbar gemacht hat, lässt sich heute mit neurowissenschaftlichen Erkenntnissen eindrucksvoll untermauern.

7.5 Entscheiden als eine (Lebens-)Kunst

Die freie Selbstbestimmung des Subjekts ist das zentrale Projekt der Moderne. Doch Entscheiden will gelernt sein. Es ist eine hohe Kunst, eine gute, auf Dauer tragfähige und erfüllende Entscheidung zu treffen. Die Tradition der Unterscheidung der Geister bietet hierfür einen anspruchsvollen Weg. Wo er über Jahre und Jahrzehnte durch Versuch und Irrtum angeeignet wird, eröffnet er Freiräume des Lebens, die ohne ihn verschlossen bleiben.

ÜBUNG: Check der eigenen Entscheidungsfähigkeit entlang der ignatianischen Phasen

Frage dich, wie weit du für wichtige Entscheidungen deines Lebens über die notwendige *Indifferenz* verfügst: Bist du in der Lage, im Entscheidungsmoment von eigenen Vorlieben abzusehen und allein von der Sache her zu entscheiden? Wie steht es um dein Vertrauen in die Gutheit und Geborgenheit deines Lebens, das deine *Unvoreingenommenheit* nähren kann? Siehst du Möglichkeiten, dieses Vertrauen gezielt zu stärken?

Prüfe, ob dich *belastende Erfahrungen deines Lebens* daran hindern, innerlich frei zu entscheiden: Wie sieht es mit traumatischen Erfahrungen deines Lebens aus? Kannst du sie aus der Distanz offen anschauen und verarbeiten? Konntest du dich von ihnen innerlich lösen? Oder fesseln sie dich immer noch? Und wenn ja, siehst du Wege, dich von ihnen zu befreien?

Erinnere dich an eine *Situation* deines Lebens, die dir zwei-felsfrei rundherum gut erscheint, in der du *ungetrübt glücklich* warst: Versuche sie in deiner Phantasie mit allen Sinnen aufs Neue zu durchleben. Rieche sie, schmecke sie, ertaste sie, höre sie und schaue sie. Achte darauf, welche Gefühle sich bei dir einstellen. Was kann dir helfen, immer wieder an diese Situation zurückzudenken?

Reflektiere eine *fundamentale Krisensituation* deines Lebens: Ist eine deiner grundlegenden Lebensentscheidungen schon einmal durch das Eintreten eines „Worst Case" an ihre (Schmerz-)Grenze geführt worden? Und wenn ja, wie bist du durch sie hindurchgekommen? Musstest du deine frühere Entscheidung korrigieren oder zurücknehmen? Oder ist sie durch die Prüfung sogar gestärkt worden?

Genieße eine *längere Hoch-Zeit* deines Lebens: Hat dich eine deiner grundlegenden Lebensentscheidungen schon einmal durch das Eintreten einer „Best-Case"-Situation eine länger anhaltende Hochphase ungetrübter Freude erfahren lassen? Versuche deine damaligen Gefühle nochmals wachzurufen und zu genießen.

8. Sich leidenschaftlich engagieren. Spiritualität als gesellschaftliche Verantwortung

Betritt man die Räume eines der bedeutendsten Meditationszentren Deutschlands, dessen Name hier nicht genannt werden soll, dann erkennt man schnell dessen sparsame Einrichtung. Die Gäste schlafen in kleinen, einfach eingerichteten Zimmern und leben während der Kurse ohne Fernseher und Internet. Auch das Essen wird in einem schlicht eingerichteten Speisesaal eingenommen. Die Speisen sind vegetarisch und ohne jeden Luxus. Diese Einfachheit bedeutet aber keine Wertminderung – im Gegenteil: Das gesamte Haus ist geschmackvoll eingerichtet, das Essen schmeckt ausgezeichnet. Die Lebensweise im Zentrum passt zu seiner Bestimmung. Was jedoch nicht zur Einfachheit des Meditationszentrums passt, ist der riesige Parkplatz, der zum großen Teil von Autos aus den höheren Preisklassen belegt ist. Kaum jemand kommt mit öffentlichen Verkehrsmitteln, und kaum jemand fährt mit einem kleinen Auto vor. Der Lebensstil der Gäste im Alltag scheint also signifikant von dem abzuweichen, was in den Kursen des Meditationszentrums propagiert wird.

In Kapitel 2 hatte ich dargelegt, dass Spiritualität eine in sich schlüssige Gestalt, ein stimmiges Gesamtkunstwerk sein soll. Diese schlüssige Gestalt haben viele Gäste des Meditationszentrums offensichtlich noch nicht erreicht. Das ist sehr menschlich, und es gibt ein Recht darauf, sich in einem laufenden Entwicklungsprozess zu befinden. Niemand muss und niemand kann je fertig sein. An dieser Stelle unserer Überlegungen geht es jedoch darum anzuerkennen, dass Spiritualität mehr ist als reine Innerlichkeit. Sie umfasst auch eine verantwortungsbewusste Gestaltung des eigenen Lebensbereichs einerseits und des größeren Gemeinwesens in Gesellschaft und Staat andererseits. Am konkreten Umgang mit den irdischen Gütern sowie den Mitmenschen und Mitgeschöpfen zeigt sich, ob eine Spiritualität wirklich lebensdienlich ist.

Wie also lässt sich die spirituelle Wahrnehmung der Verantwortung für diese Welt skizzenhaft umreißen? Welche Leitgedanken können helfen, der Spiritualität eine handfeste Greifbarkeit zu geben? Woran muss sie sich im konkreten Handeln messen lassen, wenn sie anerkannt werden will? Brennpunktartig seien diese Fragen entlang von zwei Bereichen abgehandelt: am persönlichen Lebensstil und am politischen Engagement. Im abschließenden dritten Unterkapitel soll dann untersucht werden, welche Kraftquellen die Spiritualität anbietet, um im persönlichen Engagement nicht nachzulassen oder zu resignieren.

8.1 Einfach leben. Spiritualität als Lebensstil

Zunächst einmal wird sich jede Spiritualität in einem bewusst gestalteten (persönlichen oder gemeinschaftlichen) Lebensstil ausdrücken, der einen sorgsamen Umgang mit den irdischen Gütern erkennen lässt. Mehr denn je wissen wir heute, dass die natürlichen Ressourcen endlich sind und dass es deswegen von zentraler Bedeutung ist, unsere materiellen Ansprüche so zu begrenzen, dass auch die anderen heute oder künftig lebenden Menschen und nichtmenschlichen Lebewesen an den Ressourcen partizipieren können. Ein einfacher Lebensstil ist von daher eine ethische Notwendigkeit. Für spirituelle Menschen, die ihr Leben als Geschenk und kostbare Gabe wahrnehmen und seine Zerbrechlichkeit intensiv spüren, ist er darüber hinaus das Ziel eines aus dem Inneren kommenden Verlangens. Spirituelle Menschen müssen sich nicht ständig vom Kopf her zwingen, einfach zu leben, sie tun es gerne und selbstverständlich. Und je mehr sie es tun, umso mehr werden sie darin bestärkt. Denn ein einfaches Leben ist reicher und kreativer als ein Leben im Überfluss.

Genau das beschreibt Papst Franziskus in seiner Enzyklika Laudato si so: „Die christliche Spiritualität schlägt ein anderes Verständnis von Lebensqualität vor und ermutigt zu einem … Lebensstil, der fähig ist, sich zutiefst zu freuen, ohne auf Konsum versessen zu sein. … Es handelt sich um die Überzeugung, dass ‚weniger mehr ist'. Die ständige Anhäufung von Möglichkeiten zum Konsum lenkt das Herz ab und verhindert, jedes Ding und jeden Moment zu würdigen. Dagegen öffnet das gelassene Sich-Einfinden vor jeder Realität, und sei sie noch so klein, uns viel mehr Möglichkeiten des Verstehens und der persönlichen Verwirklichung. Die christliche Spiritualität regt zu einem Wachstum mit Maß an und zu einer Fähigkeit, mit dem Wenigen froh zu sein. Es ist eine Rückkehr zu der Einfachheit, die uns erlaubt innezuhalten, um das Kleine zu würdigen, dankbar zu sein für die Möglichkeiten, die das Leben bietet, ohne uns an das zu hängen, was wir haben, noch uns über das zu grämen, was wir nicht haben. … Die Genügsamkeit, die unbefangen und bewusst gelebt wird, ist befreiend. Sie bedeutet nicht weniger Leben, sie bedeutet nicht geringere Intensität, sondern ganz das Gegenteil. In Wirklichkeit kosten diejenigen jeden einzelnen

Moment mehr aus und erleben ihn besser, die aufhören, auf der ständigen Suche nach dem, was sie nicht haben, hier und da und dort etwas aufzupicken: Sie sind es, die erfahren, was es bedeutet, jeden Menschen und jedes Ding zu würdigen, und die lernen, mit den einfachsten Dingen in Berührung zu kommen und sich daran zu freuen. So sind sie fähig, die unbefriedigten Bedürfnisse abzubauen, und reduzieren die Ermüdung und das versessene Streben. Man kann wenig benötigen und erfüllt leben, vor allem, wenn man fähig ist, das Gefallen an anderen Dingen zu entwickeln und in den geschwisterlichen Begegnungen, im Dienen, in der Entfaltung der eigenen Charismen, in Musik und Kunst, im Kontakt mit der Natur und im Gebet Erfüllung zu finden. Das Glück erfordert, dass wir verstehen, einige Bedürfnisse, die uns betäuben, einzuschränken, und so ansprechbar bleiben für die vielen Möglichkeiten, die das Leben bietet."[74]

In diesen dichten Passagen entlarvt Franziskus die innere Leere und Hohlheit des modernen Konsumismus. Ein über das menschliche Maß hinausgehender Konsum raubt uns die Zeit, das Konsumierte in Ruhe und mit Hingabe zu genießen. Er nimmt uns die innere Freiheit, weil uns das Streben nach immer mehr und immer neuen Konsumgütern gefangennimmt. Er macht uns müde und erschöpft, weil wir ständig einem anderen irdischen Gut hinterherrennen. Wer hingegen weniger konsumiert, kann die einzelnen Güter mehr wertschätzen und genießen. Ein einfacher Lebensstil ist keine Einbuße, sondern ein Gewinn an Lebensqualität. Anhand von zwei Feldern

---

74 Papst Franziskus, Enzyklika Laudato si über die Sorge für das gemeinsame Haus Nr. 222–223.

unseres alltäglichen Lebens sei dies beispielhaft konkretisiert, nämlich Mobilität und Ernährung.

Die *Mobilität* ist im Vergleich zu den drei anderen großen Sektoren des wirtschaftlichen Lebens (Industrie, Landwirtschaft und Haushalte) der einzige Sektor, in dem die Ressourcenverbräuche pro Kopf in den letzten Jahrzehnten ungebremst gewachsen sind. Mittlerweile ist der Verkehr in den meisten Industrieländern der größte Emittent von Treibhausgasen überhaupt. Eine Revolutionierung unseres Mobilitätsverhaltens ist daher allein aus ökologischen Gründen unabdingbar. Zugleich ist der Bewegungsmangel in den Industrieländern das größte Gesundheitsproblem. Er hat Folgen für die physische Gesundheit (Herz und Kreislauf, Körpergewicht usw.), aber auch für die geistige (Bewegung als ein Mittel zur Vorbeugung von Demenz) und psychische Gesundheit (Bewegung als wichtigste Therapie von Burnout, Depression und einer Vielzahl weiterer psychischer Krankheiten).

Einfach leben heißt hier zuerst, Verkehr zu vermeiden und die Häufigkeit wie die Entfernung eigener Wege zu verringern. Wenn das nicht möglich ist, geht es darum, den Verkehr auf sanftere Formen der Mobilität zu verlagern – weg von Flugzeug und Auto hin zu öffentlichen Verkehrsmitteln, Fahrrad und Zu-Fuß-Gehen. Spirituell eröffnet das die Möglichkeit, gemeinsam und heilsam in Bewegung zu kommen. Die Spiritualitäten aller großen Religionen kennen das meditative Gehen ebenso wie das Pilgern. Die gleichmäßige Bewegung des eigenen Körpers hat spirituelle Bedeutung, weil sie das Herz des Menschen öffnet und befreit. Gehen ist ein „Sich-frei-Gehen". Zugleich hinterfragt eine spirituelle Betrachtung die Ideologie ständiger Beschleunigung, wie sie der Logik moderner Ökonomie innewohnt, gemäß der die Menschen in immer kürzeren Zeiten immer mehr Güter produzieren, transportieren und verkaufen müssen. Die Spiritualität eines einfachen Lebens wird ein neues Maß von Raum und Zeit propagieren. Wir müssen nicht immer schneller immer weiter wegfahren, sondern dürfen spüren, wie gut die Langsamkeit tut. Wer mit dem Fahrrad oder zu Fuß eine Strecke von zehn Kilometern zurücklegt, spürt am eigenen Leib, wie weit diese Strecke ist. Er erlebt den Raum und den Raumwiderstand – und ihre Überwindung durch die eigene Körperkraft.

Kommen wir zum zweiten Beispiel: Die *Ernährung* ist ein Grundvollzug des Menschen, der alle vier großen Sektoren wirtschaftlichen Tuns berührt: Landwirtschaft und Transport, Industrie und Haushalte. Ernährung ist damit die Querschnittsmaterie schlechthin im Kontext nachhaltiger Entwicklung. Und ihre Auswirkungen betreffen alle: die Menschheit, weil knapp eine Milliarde Menschen unter- oder mangelernährt ist; die Tier- und Pflanzenwelt, weil der Mensch sich von anderen Lebewesen ernähren muss – von anorganischen Stoffen allein kann er nicht leben; und die Umwelt, weil sowohl Anbau als auch Verarbeitung und Transport von Lebensmitteln enorme ökologische Auswirkungen haben: für das Klima, für die Biodiversität, für die Kreisläufe von Stickstoff und Phosphor und für die Landnutzung – mithin für alle vier planetarischen Belastungsgrenzen, die derzeit überschritten werden.

Die Lösung bei der Wahl der Lebensmittel lautet: regional – saisonal – fair – fleischarm – ökologisch. Regionale Produkte einkaufen, wo immer diese zur Verfügung stehen, und damit umweltzerstörende Transporte sparen.

Es muss nicht der Apfel aus Neuseeland sein. Saisonal verfügbare Lebensmittel konsumieren. Im Winter braucht es keine Erdbeeren. Faire Preise zahlen – dem einheimischen Landwirt genauso wie dem Kaffeepflücker in Guatemala. Fleischarm essen – denn gute Tierhaltung lässt sich nur verwirklichen, wenn die Zahl der Nutztiere drastisch verringert wird. Vorzugsweise Ökoprodukte kaufen. Auch wenn konventionelle Familienbetriebe wesentlich schonender produzieren als voll automatisierte Agrarindustrien, ist der Ökolandbau ihnen deutlich überlegen. – Die spirituelle Tiefendimension dieser fünf Vorzugskriterien des Lebensmitteleinkaufs liegt im Herstellen einer Beziehung: zu den Menschen, die diese Lebensmittel erarbeiten; zu den Pflanzen und Tieren, von denen sie stammen; zu Boden, Wasser und Luft, ohne die sie nicht wachsen können.

In der Art des Essens brauchen wir eine neue Mahlkultur. Eine Kultur, die sich Zeit nimmt für den Einkauf, das Kochen und das Verzehren der Speisen. Die gepflegtes Slow-Food statt hektischem Fast-Food schätzt. Die Essen als eine der wunderbarsten Tätigkeiten des Menschen betrachtet, als Genuss und Ort von Gemeinschaft, als Ausdruck von Trauer wie von Lebensfreude, von Alltag wie von Festen. Mahl halten wurde und wird in allen Religionen als ein spiritueller Grundvollzug betrachtet. Es gehört zur Tragik der modernen Industriegesellschaft, dass sie für diese Bedeutung blind ist.

Ein neues Maß für Raum und Zeit finden und das Leben neu schmecken lernen – das sind zwei Schlüssel zu einem einfachen Lebensstil. Die Mobilität ist das quantitative Schlüsselproblem, denn hier sind die Zuwächse des Ressourcenverbrauchs am höchsten. Die Ernährung ist das qualitative Schlüsselproblem, da es die größte Vernetzungstiefe zu anderen Handlungsfeldern der Nachhaltigkeit aufweist: zur Frage des Wirtschaftens, der gerechten Entlohnung, der globalen Beziehungen, der Ökologie, der Gesundheit, des Tierschutzes. Selten verdichten sich so viele Aspekte so unmittelbar in einem Handlungsfeld.

Zugleich stehen die beiden Handlungsfelder auch untereinander in engem Kontakt: Gute Ernährung braucht ein neues Zeitmaß ebenso wie sanfte Mobilität. Regionale Ernährung bedeutet kürzere Transportwege und damit weniger Verkehr. Zugleich werden sich bessere ökonomische Bedingungen der heimischen Landwirtschaft nur dann erreichen lassen, wenn der Warentransport über große Strecken verringert und damit der Konkurrenzdruck im globalen Wettbewerb gebremst wird.

Wer die Parole „einfach leben" hört, dem mag sie auf den ersten Blick wie eine strenge und finstere Mahnung zur Askese vorkommen. Aber gerade so ist sie nicht gemeint. Die ökumenische Versammlung von Stuttgart formulierte deshalb 1988 am Schluss ihres Dokuments: „Lebensvorstellungen, die menschliches Glück allein binden wollen an immer mehr Besitz, Gebrauch und Genuss von Waren, werden dem christlichen Verständnis vom Menschen nicht gerecht. Die fortwährende Steigerung der Ansprüche auf materielle Güter hat zu einer Ziellosigkeit des Lebens geführt. Sie hindert den Menschen an der Entfaltung seiner Persönlichkeit ... Viele haben die Chancen des Verzichts neu entdeckt. Es geht nicht darum, allgemein anspruchsloser zu leben, sondern anspruchsvoller zu werden im Blick auf die Vielfalt und Reichhaltigkeit unserer gesamten Umwelt." – So gesehen könnte „einfach leben" einen neuen Klang bekommen. Die Betonung liegt nicht mehr auf dem ersten Wort – *einfach* leben! – sondern auf dem zweiten: einfach *leben*! Genau darum geht es in der Spiritualität: um ein Leben in Fülle, die aus der Einfachheit wächst.

8.2 Das Gemeinwesen gestalten. Spiritualität als politische Kraft

Es ist ein weitverbreiteter Trugschluss, Spiritualität sei nur etwas für die eigenen vier Wände, für den privaten Lebensbereich, für den Meditationsraum oder den Gang in die Natur und für die Face-to-Face-Beziehung zu Mitmenschen und nichtmenschlichen Mitgeschöpfen. „Draußen" hingegen gälten die unerbittlichen Gesetze des Marktes, der freien Wirtschaft und einer Politik, die sich mit den faktischen Machtverhältnissen arrangiert. Nach dieser Theorie wäre der spirituelle Mensch zwischen zwei Welten zerrissen und würde ständig von der einen zur anderen hin- und herwechseln. Es gäbe die kleine, von Spiritualität getränkte Welt persönlicher Beziehungen und die große, der Spiritualität fremde Welt unmenschlicher Herrschaftsverhältnisse.

Eine solche dualistische Interpretation der Welt hat zwar den Vorteil, dass der persönliche Nahbereich mit großer Liebe und Aufmerksamkeit gestaltet werden kann und einem auf Dauer viel Halt und Wärme vermittelt. Sie hat aber den Nachteil, dass sie im Herzen des Menschen letztlich eine Schizophrenie erzeugt. Auf Dauer hält diese Persönlichkeitsspaltung niemand ohne psychische Beschädigung aus. Daher haben große spirituelle Persönlichkeiten insbesondere des 20. Jahrhunderts auf die Verbindung von „Mystik und Politik" (Johann Baptist Metz, Edward Schillebeeckx) gepocht. Sie suchten nach einer politisch sensiblen und wirksamen Spiritualität – und nach einer spirituell sensiblen und wirksamen Politik. In diesem Suchprozess muss man natürlich darauf achten, den Dualismus zwischen kleiner spiritueller und großer spiritualitätsloser Welt nicht durch einen Monismus der Gottesherrschaft oder des Gottesstaats zu ersetzen. Spiritualität darf nicht zur Herrin der Politik werden, die ihr diktiert, was sie zu tun hätte. Und umgekehrt darf die Politik nicht die Spiritualität der Menschen vorschreiben.

Zwischen ihren je autonomen Sphären muss vielmehr ein Wechselverhältnis entstehen, das Alfons Auer so beschrieben hat:[75] Spiritualität kritisiert die gängige Politik, wenn diese sich zu schnell mit ungerechten Verhältnissen zufriedengibt. Sie inspiriert die Politik im Bemühen um mehr Gerechtigkeit und verleiht ihr Geduld, wenn ein langer Atem erforderlich ist. Und sie integriert politisches Handeln in einen größeren Horizont, weil sie Sinnpotenziale entdeckt und vermittelt, die die politische Vernunft übersteigen. Über Auer hinausgehend könnte man die Richtung der Einwirkung aber auch umdrehen: Politik kritisiert Spiritualität, wenn diese sich bequem aus realen Konflikten davonstiehlt. Sie inspiriert Spiritualität, indem sie die politischen Handlungsspielräume nutzt und Fortschritte erzielt. Und sie integriert spirituelle Praxen in einen größeren Horizont, weil sie deutlich macht, dass die universale Familie aller Menschen größer ist als die

---

75 Alfons Auer 1989², 212–239.

Gruppe jener, die einer gemeinsamen Spiritualität zugehören.

Spirituelle Menschen sollen sich also aus spirituellen Gründen (!) in politische Prozesse einbringen. Das kann die Mitgliedschaft in einer politischen Partei oder die Übernahme eines politischen Amtes bedeuten. Es kann die Mitgliedschaft und das engagierte Mitwirken in einer Nichtregierungsorganisation meinen. Es kann aber auch einfach heißen, sich politisch ausreichend zu informieren und sich in politische Meinungsbildungsprozesse einzubringen. Spiritualität zielt auf mündige Menschen, die mitmischen, wenn wichtige Angelegenheiten der Gemeinschaft verhandelt werden.

Spiritualität und Politik sind untrennbar miteinander verbunden. Politik ohne Spiritualität wäre herz-los: Ihr fehlte die tragende Mitte. Und Spiritualität ohne politischen Biss bliebe halb-herzig: Sie wäre in romantischen Träumen gefangen.

8.3 Gelassenes Engagement – engagierte Gelassenheit. Die Unverzichtbarkeit der Spiritualität

Nun ist politisches Engagement heutzutage wahrlich kein Zuckerschlecken. In vielen Fällen bedeutet es das Bohren dicker Bretter und die Selbstbescheidung auf kleine und kleinste Erfolge. Zugleich sind politisch engagierte Menschen mehr denn je der Kritik ausgesetzt. Gerade über die neuen sozialen Medien wird jede politische Position von ihren Gegnerinnen und Gegnern sofort zerrissen. Zuhören, abwägen und ausprobieren sind heute keine politischen Methoden mehr – kaum ist ein Satz gesprochen, zerreißen ihn schon die Ersten, die ihn gehört haben. Und oft bleibt es ja nicht beim Zerreißen von Inhalten, sondern wird unmittelbar zum Angreifen der sie vertretenden Personen übergegangen – auch unter der Gürtellinie und auch mit angsterregenden Drohungen. Wir haben noch keine politische Kultur im Internet 2.0 gefunden.

Politisches Engagement – egal ob in einem politischen Amt, als Parteimitglied oder in einer Nichtregierungsorganisation – braucht heutzutage starke und nachhaltige Kraftquellen. Auch ein persönlicher Lebensstil, der gegen den Mainstream geht und in diesem Sinne „alternativ" ist, braucht viel Kraft, weil er oft skeptisch beäugt, spöttisch kommentiert oder verständnislos angeschaut wird und weil beide kaum kurzfristige „Erfolge" verbuchen können. Ihr Lohn stellt sich, wenn überhaupt, erst nach Jahren, Jahrzehnten oder gar Jahrhunderten ein. Das in den Industriegesellschaften dominante Erfolgsdenken hilft also nicht weiter. „Erfolg ist keiner der Namen Gottes." So hat es Martin Buber bereits wenige Jahre nach dem Zweiten Weltkrieg formuliert.[76] Was aber kann an die Stelle des Erfolgsdenkens treten?

Wenn wir in die politische Landschaft schauen, gibt es auf der einen Seite jene, die zu *missionarischer Verbissenheit* neigen. Sie interpretieren den eigenen oder fremden Misserfolg im Ringen um politischen Fortschritt als Herausforderung, noch intensiver, noch stärker und noch unerbittlicher für die „gerechte Sache" zu kämpfen. Das tun sie zunehmend mit zusammengebissenen Zähnen und

---

76 In: Frankfurter Hefte. Zeitschrift für Kultur und Politik 6/3 (1951), 195–196.

neigen zur Zwanghaftigkeit – sich selbst, aber auch anderen gegenüber. Kompromisse sind nicht mehr möglich, Toleranz schon gar nicht. Die Dynamik gleicht der des Hamsterrads: Je heftiger sie für ihre Überzeugung eintreten, umso mehr schotten sich die Mitmenschen ab. Auf lange Sicht führt eine solche Dynamik in die soziale Isolation und den persönlichen Burnout.

Auf der anderen Seite stehen jene, für die der Misserfolg ihres politischen Engagements Anstoß zu *apathischer Resignation* ist. Sie ziehen sich immer weiter zurück und betrauern eine Welt, der nicht mehr zu helfen ist und die unweigerlich den Bach hinuntergeht. Ein gewisser Fatalismus schleicht sich ein. So wie die missionarische Verbissenheit in eine Eskalationsspirale nach oben führt, hin zu immer mehr hektischer Aktivität, so führt die apathische Resignation in eine Eskalationsspirale nach unten, hin zu immer mehr düsterem Pessimismus bis zur totalen Passivität. Beide erfolgsorientierten Strategien führen also in die Sackgasse. Und das liegt an ihrem Paradigma Erfolg.

Was wäre die spirituelle Alternative? In der Tradition vieler Spiritualitäten gilt die Maxime, dass der Mensch nach dem Höchsten streben soll, auch wenn er sicher weiß, dass er es aus eigener Kraft nicht erreicht. Eine sehr pointierte Fassung erhält sie in einer Formulierung von Ignatius von Loyola: „Vertraue so auf Gott, als ob der Erfolg der Dinge ganz von dir, nicht von Gott abhinge; wende dennoch dabei alle Mühe so an, als ob du nichts, Gott allein alles tun werde."[77] Diese Formel war offenbar

---

77 In diesem Wortlaut bei Gabriel Hevenesi 1705, 230 –231: „Sic Deo fide, quasi rerum successus omnis a te, nihil a Deo penderet; ita tamen iis operam omnem admove, quasi tu nihil, Deus omnia solus sit facturus."

derart provokativ, dass sie schon bald in eine weichere, weniger pointierte Fassung umgewandelt wurde:[78] „Vertraue so auf Gott, als ob du nichts, Gott allein alles tun werde; wende dennoch dabei alle Mühe so an, als ob der Erfolg der Dinge ganz von dir, nicht von Gott abhinge."[79]

Karl-Heinz Crumbach merkt an, dass in der zweiten Fassung der Formel sowohl das Gottvertrauen als auch das menschliche Handeln ins Unermessliche gesteigert würden, weil beide voneinander getrennt seien. Auf diese Weise sei die Formel unrealistisch und undialektisch. In der ursprünglichen Fassung hingegen werde die unauflösliche Verbindung zwischen dem Vertrauen auf Gott und dem eigenen Engagement zumindest theoretisch („als ob") postuliert. Der handelnde Mensch solle so auf Gott vertrauen, dass das Vertrauen im eigenen Handeln durchschlagend wirksam werde; und so handeln, dass er von jeglichem Erfolgszwang völlig frei sei.

Auf politisches Engagement angewandt, hieße das: Maximales politisches Engagement ist Ausdruck von (Gott-) Vertrauen. Wer sich hingegen resignierend zurückzieht in der Überzeugung, dass der Mensch ohnehin nichts tun könne, der ist der Ungläubige, der dem göttlichen Wirken im Menschen nichts zutraut. Denn er vertritt einen lähmenden Fatalismus. Zugleich macht der zweite Halbsatz der Ignatius-Formel deutlich, dass auch ein verbissenes und verkrampftes Engagement nicht einer gesunden Spiritualität entspricht. Vielmehr gilt es, die innere Freiheit

---

78 So Karl-Heinz Crumbach 1969, 321–328. Crumbach beruft sich textanalytisch auf Hugo Rahner 1964, 230–232.

79 So Gabriel Hevenesi 1714[2], 230 –231: „Sic Deo fide, quasi tu nihil, Deus omnia solus sit facturus; ita tamen iis operam omnem admove, quasi rerum successus omnis a te, nihil a Deo penderet."

und Gelassenheit zu spüren, die sich nicht vom Erfolg des eigenen Tuns abhängig macht. Erst die Voraussetzung einer Differenz zwischen Machen und Empfangen schenkt dem Menschen jene Freiheit, die er braucht, um sich wirklich mit Haut und Haaren zu engagieren. Maximales Engagement für gute politische Ziele wäre folglich auch dann die einzig richtige Handlungsoption, wenn abzusehen wäre, dass diese Ziele verfehlt werden. Und dieses Engagement ist nachhaltig möglich, wenn wir uns nicht einbilden, die Welt aus den Angeln heben zu können. Erfolg ist keiner der Namen Gottes.

ÜBUNG: Wofür brennst du?

Überlege dir, wofür du dich leidenschaftlich einsetzt – im persönlichen Bereich und/oder im öffentlichen Leben! Wann hast du mit diesem Engagement begonnen, und was war die Initialzündung dafür? Welche Sehnsucht steht hinter diesem Engagement?

Wo hast du zuletzt einen Erfolg und wo einen Misserfolg in deinem Engagement erlebt? Wie gehst du mit Erfolg und Misserfolg um? Bist du innerlich frei und gelassen und unabhängig vom Erfolgsdenken? Oder beherrscht dich Resignation oder Verbissenheit? Was könnte deine Gelassenheit stärken, ohne dein Engagement zu schmälern?

9. Haltung zeigen.
Spiritualität als Quelle des Ethos

In seinem Roman „Das Vorbild" von 1973 legt Siegfried Lenz seiner Romanfigur Janpeter Heller, einem klassischen „68er", die für damals typische Einschätzung in den Mund: Menschen, die man als tugendhafte Vorbilder hinstelle, seien „ein strahlendes Ärgernis, das nichts mit dem Alltag zu tun hat, nur eine Art pädagogischer Lebertran, den jeder mit Widerwillen schluckt, zumindest mit geschlossenen Augen. Die erdrücken doch den jungen Menschen, machen ihn unsicher und reizbar."[80] In der Tat: Unmittelbar nach den gesellschaftlichen Umbrüchen von 1968 galten Vorbilder und die durch sie repräsentierten Tugenden als moralinsauer und als Mittel der Repression. Nicht ohne Grund, denn sie wurden tatsächlich oft missbraucht.

Fünf Jahrzehnte nach 1968 haben wir gesellschaftlich ein entspannteres Verhältnis zu den Tugenden gewonnen. Eine neue Hinwendung zu ihnen ist en vogue. Denn der Missbrauch von etwas an sich Gutem ist kein Grund, das Kind mit dem Bade auszuschütten und die Tugenden generell abzuschaffen. Er ist vielmehr Anlass zu der Frage, wie die Tugenden in einer guten, die Autonomie fördernden Weise in die eigene Spiritualität eingebracht werden können. Genau das geschieht, wenn heute viele Institutionen davon sprechen, sie wollten „Haltung zeigen". „Haltung" ist der etwas sympathischere, allerdings

---

80 Siegfried Lenz 1973, 45.

auch unschärfere Ausdruck für das, was „Tugend" meint. Denn schon Aristoteles definiert Tugend (ἀρετή/areté) als diejenige Haltung (ἥξις/hexis), die den Menschen befähigt, ein gerechtes Werk zu vollbringen.[81]

Hinter dieser Idee steht für Aristoteles die Überzeugung, dass der Mensch (wie auch das Tier oder die Pflanze) verschiedene Grundstrebungen in sich trägt. Diese Strebungen sind zunächst einmal ethisch neutral. Sie können zum Guten und zum Bösen führen. Damit sie zum Guten und nicht zum Bösen führen, müssen sie durch Übung gezielt geformt und ausgerichtet werden. Auf diese Weise verfestigen sie sich immer mehr zu guten (Tugenden) und nicht zu schlechten Haltungen (Laster). Tugenden sind also verleiblichte Haltungen, die den Menschen zum Guten hinneigen. Sie verkörpern eine „Entschiedenheit für das Gute"[82].

Jede noch so gute Haltung im Menschen kann sich jedoch in ihr Gegenteil verkehren, wenn sie übertrieben und verabsolutiert wird. Daher ist eine ethische Tugend nach Aristoteles diejenige Haltung, die die goldene Mitte (μεσότης/mesotes) zwischen zwei charakterlichen Extremen hält und das rechte Maß einer bestimmten Strebung realisiert. Wohlgemerkt: Die goldene Mitte ist kein Mittelmaß, sondern „nach der Vorzüglichkeit und Vollkommenheit das Höchste"[83]. So wäre beispielsweise die Ehrfurcht oder der Respekt die goldene Mitte zwischen Unnahbarkeit, also dem Streben nach zu viel Distanz, und Übergriffigkeit, dem Streben nach zu viel Nähe.

---

81 Aristoteles, Nikomachische Ethik II 4, 1105a.
82 Michael Rosenberger 2018, 186.
83 Aristoteles, Nikomachische Ethik II 6,1107a.

Tugenden verweisen auf die Möglichkeiten der Person und bringen ihre verborgenen Potenziale ans Tageslicht. So motivieren und inspirieren sie, denn sie setzen Prozesse des Nachdenkens und Überlegens frei und regen zur Überschreitung der bisherigen Standards in Richtung des je noch Besseren an. Dieses Motivations- und Inspirationspotenzial der Tugenden hat wesentlich mit ihrem Bildcharakter zu tun. Tugenden können als Haltungsbilder verstanden und wahrgenommen werden. Bilder sind vielschichtig, emotional ansprechend und vermitteln ein wesentlich dichteres Maß an Informationen als Sätze.[84]

Wir hatten bereits gesehen, dass die Gefahr besteht, Tugenden einseitig zu interpretieren und dadurch in ihr Gegenteil zu verkehren. Theologie- und spiritualitätsgeschichtlich lassen sich zahllose Beispiele dafür finden, dass die Kirche (wie auch jede andere Religion!) solchen Einseitigkeiten erlegen ist. Faktisch hat die starke Betonung der Maßhaltung unter gleichzeitiger Missachtung der Tugend der Genussfähigkeit dafür gesorgt, dass – ausgehend vom frühchristlichen Mönchtum – die Freude am Essen und Trinken eher negativ gewertet und das Fasten eher übertrieben wurde. Zwar hat die Kirche immer wieder versucht, zu einer ausgewogenen Sicht von Mäßigung und Genuss, von Fasten und Mahlhalten zu gelangen, doch ist ihr dies höchstens phasenweise geglückt.

Wie lässt sich eine solche einseitige Interpretation von Tugenden am besten vermeiden? Eine Möglichkeit, die in der Geschichte der christlichen Tugendlehre mitunter gewählt wurde und die mir sehr hilfreich scheint, ist die Bildung von Paaren einander wechselseitig relativierender

---

84 Michael Rosenberger 2018, 188.

und damit orientierender Tugenden.[85] So kann die eher zum Verzicht rufende Tugend der Maßhaltung die eher zum Ausüben sinnlicher Aktivitäten rufende Tugend der Genussfähigkeit begrenzen und umgekehrt. Die eher auf eine unverdient geschenkte Kraft vertrauende Tugend der Gelassenheit kann die eher eigenes Engagement und eigene Verantwortung aufrufende Tugend der Fürsorge begrenzen und umgekehrt. Je vielschichtiger und vielgestaltiger eine Tugendethik entwickelt wird, umso eher wird sie der Versuchung von Einseitigkeiten widerstehen können.[86]

In diesem Sinne werde ich im Folgenden acht spirituelle Grundhaltungen beschreiben, die in vielschichtiger Weise untereinander verbunden sind, die ich aber jeweils paarweise besonders aufeinander beziehe, indem ich sie mit der gleichen menschlichen Grundstrebung in Verbindung setze. Alle acht Grundhaltungen sind klassisch und haben eine lange ethische und spirituelle Tradition. Dennoch könnte man ihnen ein Vielfaches weiterer Tugenden zur Seite stellen. Es gibt keinen abschließbaren Tugendkatalog. Die Zahl Acht ist daher nicht mehr als ein Versuch, eine Mitte zwischen unübersichtlicher Pluralität einerseits und vereinfachender Einseitigkeit andererseits zu finden.

9.1 Dankbarkeit als Wertschätzung des Gegebenen

Dankbarkeit (man könnte auch sagen: Zufriedenheit) ist die momentane und dauerhafte Anerkennung und Wert-

---

85 Stephan Ernst 2016.
86 Michael Rosenberger 2018, 222.

schätzung dessen, was einem unverdient zukommt, was einem also (auf-)gegeben worden ist. Damit Dankbarkeit entstehen kann, braucht es zunächst Nachdenklichkeit im wörtlichen Sinne des Nach-Denkens und anschauliche Erinnerung an das Empfangene. Ohne Gedächtnis kann Dankbarkeit nicht wachsen. Aus der aufmerksamen Erinnerung heraus bejaht die Dankbarkeit das Gegebene als einen Teil der insgesamt guten eigenen Lebenswirklichkeit. Sie ist die goldene Mitte zwischen einem permanenten Hader, der davon überzeugt ist, im Leben ständig zu kurz zu kommen, und einer naiven Schönfärberei, die die dunklen Momente des eigenen Lebens ausblendet und sich mit ihnen nicht auseinandersetzt.

Die *Blickrichtung* der Dankbarkeit geht nach außen, denn sie ist die spirituelle Antwort auf die Frage: Was empfange ich? Und woher empfange ich es? Dabei weiß die Dankbarkeit nicht nur das vordergründig Gute zu würdigen, sondern auch das Schwere und Dunkle. Rückblickend, nach manchmal sehr schmerzhaften inneren Prozessen, kann es dankbar angenommen werden, weil es die eigene Persönlichkeit hat reifen und wachsen lassen und weil es ein nicht mehr wegzudenkender Teil des eigenen Lebens geworden ist. Dankbarkeit ist die andere Seite der *Demut*: Während Demut den Blick nach innen auf die eigene Bedürftigkeit richtet, schaut die Dankbarkeit nach außen und entdeckt den Reichtum des Empfangenen.

Gemeinsam mit der Demut interpretiert und formt die Dankbarkeit vor allem das Streben nach *Ansehen und Prestige*. Der dankbare Mensch erkennt: Ich empfange unverdient, ohne vorher gegeben zu haben. Ich habe nicht die Macht, alles aus eigener Leistung zu erwerben oder zu „machen". Der Dankbare gesteht die fundamentale Begrenzung eigener Mächtigkeit ein und erkennt zugleich die Macht der gebenden Instanz, gleich ob er sie im Letzten „das Schicksal" nennen mag, „das Leben", „die Natur" oder eben „Gott", und gleich ob er konkret an die eigenen Eltern denkt, von denen er vieles unverdient empfangen hat, an das ihm Nahrung gebende Tier oder die Pflanze, an die alle Lebewesen tragende „Mutter" Erde oder etwas anderes.

Gegenwärtig findet die Haltung der Dankbarkeit in der Psychologie mehr Aufmerksamkeit als in Theologie und Ethik. Dabei werden erstaunliche Aspekte zutage gebracht: So verstärkt Dankbarkeit die eigenen Anstrengungen, einem anderen beizustehen, auch wenn es viel „kostet", und zwar nicht nur gegenüber einem früheren Wohltäter, sondern selbst gegenüber einem Fremden.[87] Der Grund für das stärkere prosoziale Verhalten liegt darin, sich mehr wertgeschätzt zu fühlen.[88]

Dankbarkeit hat aber nicht nur positive Wirkungen auf andere, sondern auch auf die dankbare Person selbst: Wer beispielsweise wöchentlich in einem Tagebuch aufschreibt, wofür er dankbar ist, erreicht selbstgesetzte Ziele häufiger, ist gesünder und ist zufriedener mit seinem Leben. Wer täglich eine Dankbarkeitsübung praktiziert, ist aufmerksamer und energiegeladener. Das gilt auch für Menschen, die an einer schweren chronischen Krankheit leiden.[89] Insofern führt Dankbarkeit zu mehr „Weisheit" im Sinne einer Lebenskompetenz in allen Höhen und Tiefen des Lebens.[90] Sie ist ein stärkerer Prädikator für per-

87 Monica Y. Bartlett/David DeSteno 2006, 319–325; vgl. auch Jo-Ann Tsang 2006, 138–148.
88 Adam M. Grant/Francesca Gino 2010, 946–955.
89 Robert A. Emmons/Michael E. McCullough 2003.
90 Susanne König/Judith Glück 2013, 655–666.

sönliches Wohlbefinden als die sogenannten „Big Five"
der Persönlichkeitspsychologie (OCEAN: Openness,
Conscientiousness, Extraversion, Agreeableness, Neuro-
ticism, auf Deutsch Aufgeschlossenheit, Gewissenhaftig-
keit, Geselligkeit, Rücksichtnahme und Verletzlichkeit).[91]

Dankbarkeit ist aber, auch das lässt sich empirisch zeigen, nicht einfach eine vorgegebene Charaktereigenschaft,
sondern kann tatsächlich durch die eigene Lebenspraxis
gestärkt werden, wie es Aristoteles von den Tugenden behauptet. Menschen, die eine Religion oder Spiritualität
praktizieren, also den Gottesdienst besuchen, religiöse
Schriften lesen, beten und meditieren sowie sich spürbar
mit Gott oder dem Göttlichen verbunden fühlen, sind signifikant häufiger dankbar als Menschen, die keine Religion oder Spiritualität praktizieren.[92]

In allen großen Religionen nimmt die Dankbarkeit eine
Schlüsselrolle ein. Danken, nicht bitten ist die Grundform
des Betens. Im Christentum findet sie in der Eucharistie,
wörtlich übersetzt Danksagung, eine besonders markante
Ausdrucksform.

9.2 Demut als Freiwerden in Begrenzungen

Demut ist die freie und bejahende Anerkennung der eigenen Begrenztheit und Abhängigkeit, Zerbrechlichkeit
und Sterblichkeit als einer – trotz aller bleibenden Frag-
würdigkeit – guten Eigenschaft des Geschöpfseins. Damit

---

91 Alex M. Wood/Stephen Joseph/John Maltby 2008, 49–54 und 2009,
    655–660.
92 Michael E. McCullough/Robert A. Emmons/Jo-Ann Tsang 2002,
    112–127.

bedeutet Demut zunächst eine nüchterne und realistische Selbsteinschätzung, ist dabei aber keineswegs resignativ, sondern erspürt und erkennt die positive Seite des Begrenztseins aller irdischen Wirklichkeit: Nur was begrenzt ist, hat Wert – das unbegrenzt Verfügbare, so die Grunderkenntnis der Ökonomie, ist wertlos. Das gilt insbesondere für die kostbarste, weil knappste Ressource des irdischen Lebens, die Zeit. Zugleich entlastet die Begrenzung jedes Geschöpf: Wir brauchen nicht alles können, alles leisten, endlos arbeiten. Wir dürfen uns frei machen vom Druck, für alles und jedes Verantwortung zu übernehmen.

Demut, lateinisch humilitas, leitet sich ab von humus, Erde. Demut meint also Erdverbundenheit, ein Am-Boden-Bleiben, ein Mit-beiden-Beinen-auf-dem-Boden-Stehen. Demut weiß: Als Geschöpf ist der Mensch von der Erde genommen, nährt sich von der Erde und ihren Gaben und kehrt am Ende zur Erde zurück (Gen 3,19) – und das ist gut so! Demut ist so gesehen die goldene Mitte zwischen der Überheblichkeit und dem Minderwertigkeitsgefühl.

In der griechischen Philosophie war die Demut verpönt – sie ist ein spezifisches Erbe der jüdisch-christlichen Religion. Allerdings wurde und wird sie oft missverstanden und missbraucht. Denn sie meint keineswegs eine kritiklose Unterwürfigkeit oder den Verzicht auf eine eigene Meinung. Demut meint ein Auf-dem-Boden-Stehen, aber kein Am-Boden-Kriechen. In dieser Hinsicht haben die christlichen Kirchen viel Schuld auf sich geladen und den Aufruf zur Demut als Machtinstrument missbraucht.

Die *Blickrichtung* der Demut wendet sich nicht zur Obrigkeit, sondern nach innen, denn sie bringt die Erkenntnis: „Was hast du, das du nicht empfangen hättest? Wenn du es aber empfangen hast, warum rühmst du dich, als hättest du es nicht empfangen?" (1 Kor 4,7). In der frühen Kirche haben viele Theologen die Demut als die wahre Selbsterkenntnis bezeichnet.[93] Denn gerade im nüchternen Annehmen der eigenen Grenzen und Hinfälligkeiten liegt die Wahrnehmung ihres Werts: Knappe Güter sind wertvoll, und umso wertvoller, je knapper sie sind. Demut ist damit die andere Seite der *Dankbarkeit* – nur der Demütige, Erdverbundene kann dankbar sein.

Gemeinsam mit der Dankbarkeit interpretiert und formt die Tugend der Demut vor allem das Streben nach *Ansehen und Prestige*. Der demütige Mensch erkennt seine eigene Machtlosigkeit, ja Ohnmacht, aber er erlebt das als befreiend. Um gut leben zu können, braucht man nicht mit Gewalt Macht an sich reißen oder ihr mit aller Kraft nachjagen. Der Demütige hat begriffen, dass er schwach und begrenzt sein darf und dass darin eine Chance zu einem größeren Reichtum des Lebens liegt.

Auf der Metaebene ist Demut eine unverzichtbare Bedingung für eine „Spiritualität aus Erde". Spiritualität selbst läuft ja durchaus Gefahr, hochmütig zu werden. Das gilt für die Spiritualität eines religiösen Menschen, der verächtlich hinabschaut auf die „Pseudo-Spiritualität" oder „Ersatz-Spiritualität" eines Skeptikers oder einer Atheistin. Das gilt aber natürlich auch für die Spiritualität eines agnostischen oder atheistischen Menschen, der die klassische Spiritualität der Religionen pauschal als altmodisch, traditionalistisch und unaufgeklärt belächelt. Im Gegensatz zu beiden weiß die „Spiritualität aus Erde" um ihre irdischen Wurzeln. Sie ist bescheiden mit Blick auf die eigenen Möglichkeiten und erkennt in anderen

---

93 Z. B. Aurelius Augustinus, In Iohannis Evangelium tractatus 25, 16.

Spiritualitäten das Verwandte. So ist sie fähig zur „Ökumene des Geistes".

9.3 Ehrfurcht als Zurücktreten vor dem Geheimnis

Ehrfurcht (oder Achtung, Achtsamkeit, Respekt) ist das andächtige Staunen und scheue Zurücktreten vor dem Du des anderen Geschöpfs, dessen unergründliches und unverfügbares Geheimnis man ahnt, aber in seiner Unantastbarkeit belässt und schätzt. Ehrfurcht bedeutet den Verzicht auf völlige Verzweckung und restlose Inbesitznahme eines Mitgeschöpfs. Sie lässt dem anderen Seienden Raum, damit sich dieses entfalten und verwirklichen kann. Wissend um dessen Sensibilität und Zerbrechlichkeit bemüht sich die Ehrfurcht, das andere Seiende „mit Samthandschuhen anzufassen" und selbst das scheinbar nichtigste Seiende wie einen kostbaren Schatz zu behandeln. So ist Ehrfurcht die goldene Mitte zwischen Unnahbarkeit, dem Streben nach zu viel Distanz, und Übergriffigkeit, dem Streben nach zu viel Nähe.

Die *Blickrichtung* der Ehrfurcht wendet sich nach außen, schaut auf die Größe und Unergründlichkeit des Du. Nach innen gewendet entspricht ihr die *Genussfähigkeit*, die die Faszination und den Reichtum des anderen als Wert erfährt und als Bereicherung der eigenen Identität in sich aufnimmt. Wer zu genießen gelernt hat, wird durch jede Erfahrung und jede Begegnung ehrfürchtiger. Der Ehrfürchtige erkennt die Kostbarkeit eines Seienden an sich, der Genussfähige nimmt diese Kostbarkeit für sich wahr und in sich auf.

Die *Handlungsform* der Ehrfurcht besteht eher in einem passiven Seinlassen. Primär wird im Begriff der Ehrfurcht das angesprochen, worauf man verzichtet – aus einer gesunden und realistischen „Furcht" heraus, das Du verletzen oder zerstören zu können. Ehrfurcht ist damit das passive Gegenstück zur Tugend der *Gerechtigkeit*, die sich aktiv für das Wohlergehen der anderen Seienden einsetzt und jedem das Seine zu geben bemüht ist. Nur die, vor denen man Respekt hat, wird man gerecht behandeln. Gerechte Behandlung aber beweist den Respekt vor den so Behandelten.

Gemeinsam mit der Gerechtigkeit interpretiert und formt Ehrfurcht vor allem das Streben nach *Verortung und Zugehörigkeit*: Im Respekt wird dem Du eine fundamentale Eigenständigkeit und Eigengesetzlichkeit zugesprochen, die als Grund von Gleichheit und Zusammengehörigkeit fungiert. Das autonome Ich spricht dem autonomen Du seine Achtung aus – beide begegnen einander auf Augenhöhe und sind einander verbunden.

Ehrfurcht ist in allen Religionen eine zentrale Haltung. In gottesdienstlichen und spirituellen Vollzügen wird sie symbolisch eingeübt. Den Ökonomen eines Klosters weist die Regel Benedikts an: „Alle Geräte und Güter des Klosters betrachte er wie heilige Altargefäße. Nichts halte er für gleichgültig" (RB 31). Alle Geräte und Güter – also den Ackerboden und den Pflug, das Rind und die Henne, die Kleidung und die Bücher. In allem kann der spirituelle Mensch das Geheimnis erahnen, dem er in seinem Leben auf der Spur ist.

9.4 Gerechtigkeit als unparteiliches Engagement

Gerechtigkeit ist das feste und beständige Bestreben, jedem das Seine zukommen zu lassen und umgekehrt von jedem das Seine zu verlangen.[94] Gerechtes Handeln zielt auf ein Geben, das niemandem zu viel, aber auch niemandem zu wenig gibt, und auf ein Nehmen, das von niemandem zu viel, aber auch von niemandem zu wenig verlangt. Das Geben soll den Bedürfnissen, das Nehmen den Fähigkeiten und Möglichkeiten des anderen entsprechen.

Die *Blickrichtung* der Gerechtigkeit wendet sich nach außen und schaut auf die (Austausch-)Beziehungen zwischen Individuen und Institutionen. Sie versucht, im Spannungsfeld von Gemeinwohl und Einzelwohl für jeden Konfliktfall einen angemessenen Ausgleich zu erwirken. Gerechtigkeit ist folglich die Zwillingsschwester der nach innen gerichteten *Maßhaltung*, die ihrerseits bemüht ist, die eigenen Bedürfnisse des Handelnden in einem verantwortbaren Rahmen zu halten.

Die *Handlungsform* der Gerechtigkeit besteht in einem aktiven, ja oft leidenschaftlichen Engagement. Primär wird im Begriff der Gerechtigkeit das unparteiliche Eintreten für die Benachteiligten und Vergessenen angesprochen. Gerechtigkeit ist damit das aktive Gegenstück zur *Ehrfurcht*, die ihrerseits vor allem in einem passiven Verzicht auf übergriffige, sich bemächtigende Handlungen besteht. Nur die, die man gerecht behandelt, können sich respektiert fühlen. Ungerechte Behandlung impliziert immer auch einen Mangel an Respekt.

---

94 Platon, Politeia IV 433e und 433a.

Gemeinsam mit der Ehrfurcht interpretiert und formt die Gerechtigkeit das Streben nach *Verortung und Zugehörigkeit*: Gerechte Behandlung impliziert die formale Gleichheit aller. Aber gerade weil alle formal gleich sind, dürfen sie auf Grund ihrer Unterschiedlichkeit inhaltlich nicht gleich behandelt werden. Jedem das Gleiche zu geben und von jedem das Gleiche zu verlangen wäre in höchstem Maße ungerecht. Die Konsequenz formaler Gleichheit ist es, jedem etwas anderes, ihm Entsprechendes zuzugestehen.

9.5 Maßhaltung als Zusammenklingen mit der Schöpfung

Als Maßhaltung bezeichnet man seit der griechischen Antike das feste Bemühen, die eigenen Ansprüche (ψυχή/ Psyche) mit den Ansprüchen der anderen Menschen (πόλις/Polis) und der nichtmenschlichen Geschöpfe (κόσμος/Kosmos) in Einklang (συμφωνία/Symphonia)[95] zu bringen. Maßhaltung ist also durch das Zusammenleben der Geschöpfe und das Teilen der Ressourcen auf einem endlichen Planeten motiviert und begründet. Wo sie gelingt, führt sie zu mehr als nur einem passiven Leben-Lassen der anderen, nämlich zu einem wunderbaren Zusammenklingen, einer großartigen Symphonie aller Lebewesen, die gegenüber der Summe aller Einzelstimmen ein gewaltiges Plus bedeutet. Mehr als alle anderen Tugenden bringt schon der Begriff der Maßhaltung immanent zum Ausdruck, dass er auf einen Mittelweg

---

95 Vgl. ebd., 430e.

zwischen charakterlichen Extremen abzielt. Maßhaltung ist die goldene Mitte zwischen Gier auf der einen und übertriebener, leib- und lustfeindlicher Askese auf der anderen Seite.

Die *Blickrichtung* der Maßhaltung wendet sich nach innen und prüft die eigenen Ansprüche darauf, ob sie wirkliche, nicht oder nur schwer verzichtbare Bedürfnisse darstellen und ob bzw. wie sie sich mit den Bedürfnissen aller anderen abgleichen lassen. Sie versucht, im Spannungsfeld von Gemeinwohl und Einzelwohl für jeden Konfliktfall eine angemessene Selbstbeschränkung zu erwirken. Maßhaltung ist folglich die Zwillingsschwester der nach außen gerichteten *Gerechtigkeit*, die ihrerseits bemüht ist, aktiv den interindividuellen Ausgleich zu verwirklichen, wo dieser „von Natur aus" nicht gegeben ist.

Gemeinsam mit der *Genussfähigkeit* interpretiert und formt die Maßhaltung das Streben nach *Lust und Wohlergehen*: Während die Maßhaltung aber die Lust quantitativ erfasst und die gesunde Mitte ihres Maßes bestimmt, zielt die Genussfähigkeit auf die qualitative Seite der Lust, bei der es nie ein Zuviel, sondern nur ein Zuwenig geben kann. Die Logik des beliebten Slogans „weniger ist mehr" rekurriert auf diese Verbindung: Ein Weniger an konsumierten Gütern kann ein Mehr an Genussfähigkeit erzeugen, weil die Lust nicht im Überfluss erstickt, sondern zum immer intensiveren Schmecken und Kosten animiert wird.

Maßhaltung schließt unter anderem die Fähigkeit ein, die Verzögerung einer Wunscherfüllung zu akzeptieren. Bei dieser Fähigkeit setzen die empirischen Forschungen des sogenannten „Marshmallow-Tests" an. Sie sind vor allem mit dem Namen eines Entwicklungspsychologen untrennbar verknüpft: Walter Mischel (1930, Wien–2018, New York). Mischel nennt diese Fähigkeit „Selbstkontrolle" und „Willensstärke". Das sind sehr leistungsorientierte Semantiken, die aus spiritueller Perspektive durchaus zu hinterfragen sind. Gleichwohl sind die Ergebnisse der Forschungen Mischels und seiner zahlreichen Schüler und Schülerinnen, die Ende der 1960er Jahre begannen und bis in die Gegenwart fortgeführt werden, hochrelevant. Diese Forschungen begleiten dieselben Personen von der frühen Kindheit bis zur Lebensmitte und darüber hinaus und machen mit ihnen in regelmäßigen Abständen psychologische Untersuchungen (in Form von Experimenten und Interviews). Die leitende Frage ist, welche Fähigkeiten des Kleinkindes statistisch signifikante Folgen für das spätere Leben haben.

Der Basistest verläuft folgendermaßen: Ein Kindergartenkind wird in einen Raum geführt, in dem ein Tisch steht, auf dem ein Marshmallow liegt. Der oder die Versuchsleiterin erklärt dem Kind, dass es zwei Möglichkeiten hat: Entweder kann es das Marshmallow sofort aufessen. Oder es kann warten, bis der oder die Versuchsleiterin wieder in den Raum zurückkehrt. Wenn zu diesem Zeitpunkt das Marshmallow noch auf dem Tisch liegt, bekommt das Kind zwei oder drei zusätzliche Marshmallows.

Zehn Jahre später sind jene Kinder, die auf die Rückkehr des oder der den Versuch Leitenden warten konnten, konzentrationsfähiger, frustrationstoleranter, selbstbewusster, intelligenter und schulisch erfolgreicher. Zwanzig Jahre später haben sie ein höheres Bildungsniveau erreicht, besitzen ein höheres Selbstwertgefühl, zeichnen sich durch eine höhere Belastbarkeit in Stresssituationen aus, haben stabilere Partnerschaften, sind schlanker und nehmen seltener Drogen.[96] Auch werden sie seltener physisch oder verbal aggressiv und leiden seltener unter Depressionen.[97] Eine analoge Studie aus Neuseeland zeigt, dass die „willensstarken" Kinder später seltener die Schule abbrechen, mehr verdienen, mehr sparen und weniger Schulden machen. Frauen werden seltener ungewollt schwanger und sind seltener alleinerziehend. Männer sind seltener spielsüchtig und straffällig.[98]

Was aber begünstigt es, dass ein drei- oder vierjähriges Kind Selbstkontrolle und Willensstärke besitzt? Überraschenderweise gibt es zunächst einen kollektiven Einflussfaktor: die Sprache. Es gibt „zukunftslose" Sprachen, die Zukünftiges gerne im Präsens aussagen („morgen regnet es"), und „zukunftsbezogene" Sprachen, die Zukünftiges auf jeden Fall im Futur aussagen („tomorrow it will rain", „domani pioverà"). Zu den in diesem Sinn zukunftslosen Sprachen gehören Deutsch, Mandarin, Japanisch und Finnisch, zu den zukunftsbezogenen Englisch, Französisch, Italienisch und Griechisch. In den zukunftslosen Sprachen scheint die Zukunft näher zu sein, weil von ihr im Präsens geredet wird, in zukunftsbezogenen Sprachen scheint sie in größerer Ferne zu liegen. Daraus folgt aber, und das konnte empirisch nachgewiesen werden, dass den Menschen mit einer zukunftslosen Muttersprache Selbstkontrolle und Aufschub der Bedürfnisbefriedigung leichter fallen als Menschen mit einer zukunftsbezogenen Sprache.[99] Denn subjektiv müssen sie nicht so lange war-

---

96 Ozlem Ayduk et al. 2000; Walter Mischel et al. 2011.
97 Monica L. Rodriguez/Walter Mischel/Yuichi Shoda 1989.
98 Terrie E. Moffitta et al. 2011.
99 M. Keith Chen 2013.

ten. Das gilt selbst dann, wenn zum Beispiel deutsch- und italienischsprachige Kinder in Meran/Südtirol in dieselbe Volksschule gehen.[100]

Ein zweiter Faktor ist individueller Natur, und er ist ethisch fraglos bedeutsamer: Großen Einfluss auf die Fähigkeit des Kindes, eigene Bedürfnisse zurückzustellen, hat die frühkindliche Erfahrung im ersten Lebensjahr. Eine längere Stillzeit und das Aufwachsen des Neugeborenen bei beiden Eltern zum Beispiel haben signifikant positive Auswirkungen. Denn das Kind spürt, dass es sich auf die Fürsorge seiner Eltern verlassen kann und keine Angst zu haben braucht, zu kurz zu kommen.[101] Verlässliche und enge Beziehungen in der frühen Kindheit ermöglichen also leichteren Verzicht und größere Maßhaltung. Spiritualität beginnt sich bereits mit der Geburt zu formen und vermutlich sogar schon im Mutterleib.

9.6 Genussfähigkeit als Geschmack am Leben

Genussfähigkeit meint die Bereitschaft und das stete Bemühen, die genutzten, das heißt „genossenen" Dinge in ihrem ganzen Reichtum auszukosten und zu verinnerlichen. Genießen meint nicht ein quantitativ maximiertes und ökonomisch optimiertes Ausnutzen, sondern ein „Verspüren und Verkosten der Dinge von innen her"[102]. Wer genießen kann, hat Geschmack am Leben. Genussfähigkeit ist in hohem Maße ein geistiges Tun. Der Ge-

---

100 Matthias Sutter et al. 2014.
101 Matthias Sutter et al. 2013.
102 „el sentir y gustar de las cosas internamente", so Ignatius von Loyola, Geistliche Übungen Nr. 2.

nussfähige schmeckt das feinste Gewürz einer Speise, nimmt den geringsten Geruch seiner Umgebung wahr, hört den leisesten Ton eines Konzerts, sieht die vielen Schattierungen einer Farbe und spürt noch die sanfteste Berührung seiner Haut. Genau das können Genusssucht und Genussfeindlichkeit als die zwei Pole, deren goldene Mitte die Genussfähigkeit ist, nicht: Beide bleiben an der Oberfläche und vermögen nicht in die Tiefe geistigen Genusses einzutauchen.

Die *Blickrichtung* der Genussfähigkeit wendet sich nach innen und versucht, augenblickliche Sinneseindrücke mit höchster Aufmerksamkeit und Differenzierungsfähigkeit wahrzunehmen, so dass diese sich als dauerhafte Vorstellungsbilder im Gedächtnis speichern lassen. Genussfähigkeit spürt die Kostbarkeit und den Wert einzelner Wahrnehmungen und ist bemüht, diese präsent zu halten. Sie ist folglich die Zwillingsschwester der nach außen gerichteten *Ehrfurcht*. Man könnte auch sagen: Genussfähigkeit ist die nach innen gewendete Ehrfurcht vor den Dingen, das wahre Verinnerlichen ihrer Einzigartigkeit. Echter Genuss bewirkt von selbst ehrfürchtiges Staunen.

Gemeinsam mit der *Maßhaltung* interpretiert und formt die Genussfähigkeit das Streben nach *Lust und Wohlergehen*: Während die Maßhaltung die Lust quantitativ erfasst und die gesunde Mitte ihres Maßes bestimmt, zielt die Genussfähigkeit auf die qualitative Seite der Lust, auf ihre stetige Vertiefung und Intensivierung. Genussfähige Menschen brauchen immer weniger äußere Anreize, um eine tiefe Lust zu spüren, und können diese immer besser präsent halten, auch wenn das genossene Objekt entschwunden ist.

Alle gängigen Spiritualitäten kennen Übungen, um die Genussfähigkeit zu schulen und zu steigern. In Kapitel 3 haben wir einige von ihnen bereits genauer betrachtet.

9.7 Gelassenheit als Freisein von sich selbst

Gelassenheit – wir haben sie in Kapitel 8.3 schon angesprochen – ist die Fähigkeit, auch in schwierigen Situationen von den eigenen Bedürfnissen und Ängsten abzusehen und eine zuversichtliche und offene Grundeinstellung zu bewahren. Solche Gelassenheit erwächst aus einem Grundvertrauen in die Gutheit des Lebens und aus der inneren Sicherheit, getragen und geborgen zu sein. Die mittelalterliche (Männer-)Mystik kann als Weg zur Gelassenheit verstanden werden. Das mittelhochdeutsche Wort „Ledigheit", von dem das neuhochdeutsche „Gelassenheit" stammt, zeigt noch deutlich die Anklänge an das Ledigsein im Sinne von Freisein. Der Gelassene ist in der Lage, sich selber loszulassen – seine Gedanken und Gefühle, Ängste und Sehnsüchte, Bedürfnisse und Wünsche. Gerade so aber wird er offen für Glück und Erfüllung. Genau darum geht es im ethischen Schlüsselsatz Jesu von Nazaret: „Wer sein Leben retten will, wird es verlieren; wer aber sein Leben … verliert, wird es retten" (Mk 8,35).

Die *Blickrichtung* der Gelassenheit ist nach innen gerichtet. Sie sucht sich von inneren Fesseln und Zwängen freizumachen, indem sie alle Potenziale aktiviert, die Vertrauen und Zuversicht stärken können. Vertrauen ist der Nährboden der Gelassenheit. Nicht umsonst motiviert Jesus in der Bergpredigt zur Gelassenheit, indem er auf die väterliche und mütterliche Liebe Gottes verweist, der für Nahrung (im damaligen Rollenverständnis die Aufgabe des Vaters) und Kleidung (im damaligen Rollenverständnis die Aufgabe der Mutter) sorgen wird (Mt 6,25–34). Die Innenorientierung der Gelassenheit entspricht der Außenorientierung der *Hingabe*: Wer sich selbst loslassen kann, wird fähig, sich anderen hinzugeben. Und wer sich hingibt, findet sich selbst. Gelassenheit und Hingabe sind zwei Seiten derselben ethischen Medaille.

Gemeinsam mit der Hingabe interpretiert und formt die Gelassenheit das Streben nach *Sicherheit und Geborgenheit*: Jeder Mensch sucht nach Sicherheit und braucht diese, um sich entwickeln zu können. Aber Sicherheit lässt sich nicht machen. Sie wird einem geschenkt. Genau dieses Paradox spricht das oben zitierte Jesuswort an. Wer krampfhaft nach Sicherheit sucht, wer sich durch Geld, Besitz oder Verträge absichern will, wird am Ende doch keine innere Sicherheit gewonnen haben. Letztlich muss man sich fallen lassen, um erfahren zu können, dass man aufgefangen und getragen wird.

9.8 Hingabe als Bereitschaft, sich zu verschenken

Hingabe – in Kapitel 8.3 als Engagement bereits Thema – bezeichnet die Bereitschaft, sich selbst mit seiner Energie, seinen Fähigkeiten, seinen Ressourcen und seiner Zeit an andere zu verschenken, die das brauchen. Hingeben kann sich nur der innerlich starke Mensch. Er entwickelt die nötige Gelassenheit, von den eigenen Bedürfnissen abzusehen und wahrzunehmen, dass die Nöte anderer größer und dringlicher sind. Starke verzichten um der

Gemeinschaft und Verbundenheit mit den Hilfsbedürftigen willen – weil sie selbst einmal empfangen haben. Gleichwohl hat Hingabe Grenzen: Es macht keinen Sinn, sich im Engagement für andere derart aufzureiben, dass man am Ende nicht mehr helfen kann. Echte Hingabe im Sinne der ethischen Tugend wird nachhaltig denken und die eigenen Kräfte realistisch einteilen. Sie ist die goldene Mitte zwischen einem Egoismus, der das Herz für fremde Not verschließt, und dem Helfersyndrom, das sich selbst und die eigenen Kräfte übermäßig ausbeutet und letztlich im Burnout endet.

Die *Blickrichtung* der Hingabe ist nach außen gerichtet. Sie schaut auf die Nöte und Ängste der Mitmenschen und Mitgeschöpfe, fühlt sich in diese ein (Empathie) und ist bereit, ohne übermäßige Rücksicht auf die eigenen Bedürfnisse zu helfen. Der Außenorientierung der Hingabe entspricht die Innenorientierung der Gelassenheit: Es ist die Hingabe, die den Gelassenen vor selbstgenügsamer Egozentrik und selbstbeschränktem Egoismus bewahrt.

Gemeinsam mit der Gelassenheit interpretiert und formt die Hingabe das Streben nach *Sicherheit und Geborgenheit*: Gelassenheit macht engagierte Hingabe nicht überflüssig, sondern ermöglicht diese erst als freie Gabe, die nicht von inneren Zwängen getrieben ist. Es ist die Gelassenheit, die vor dem Helfersyndrom bewahrt, weil sie auch den Drang zu helfen loslassen und aus der Distanz kritisch begutachten kann. So kann gerade der Gelassene ehrlich und unvoreingenommen einschätzen, wo seine Möglichkeiten unterschritten und wo seine Grenzen überschritten werden.

9.9 Spiritualität als Quelle des Ethos

Tugenden können, das haben die „68er" zurecht kritisiert, in einer moralischen Diktatur enden. Leider haben sie auch die Religionen nicht selten in diesem Sinne missbraucht. Aber Tugenden können auch eine spontane Leichtigkeit vermitteln, ohne große Anstrengung, von innen heraus und ohne Zwang, das Gute zu tun. So sind sie eigentlich gemeint. Sie sind keine sportliche Leistung, auf die wir stolz verweisen könnten, kein Verdienst, dessen wir uns rühmen sollten, sondern selbst noch einmal ein Geschenk. Denn wir „machen" sie nicht im technischen Sinne. Alles praktische Einüben guter Haltungen ist nur ein Bereiten des Bodens – ob und wie viel darauf wächst, haben wir nicht in der Hand.

„Meine Demut ist mein ganzer Stolz!" So wird die klassische Tugendethik mitunter spöttisch kommentiert. Ja, es gilt, auch die Demut demütig als Geschenk wahrzunehmen, für die Dankbarkeit selbst dankbar zu sein, die Gelassenheit loszulassen, um sie zu empfangen (Meister Eckhart), und sich in die Hingabe hineinfallen zu lassen. Moral braucht eine spirituelle Durchdringung, damit sie wirklich in die Freiheit führen kann.

ÜBUNG: Die dir vertrauteste und die dir fremdeste Haltung

Jeder Mensch hat im Blick auf die Tugenden spezifische Präferenzen, die seinem Naturell entsprechen. Manche Tugenden gelingen uns „von Natur aus" leichter als andere.

Frage dich, welche der acht beschriebenen Haltungen dir persönlich am vertrautesten ist, die also gleichsam als dein Lebensprogramm verstanden werden kann! Betrachte Situationen, in denen du diese Tugend besonders auslebst! Hast du eine Idee, warum dir diese Tugend leichter von der Hand geht als die anderen?

Frage dich in einem zweiten Schritt, welche der acht beschriebenen Haltungen dir persönlich am fremdesten ist, die also gleichsam als „blinder Fleck" deines Lebensprogramms verstanden werden kann! Betrachte einen Menschen aus deiner Umgebung, der diese Tugend besonders gut verwirklicht! Hast du eine Idee, wie du etwas von ihm lernen könntest?

10. Glauben, hoffen, lieben. Spiritualität als Geschenk

Am Schluss des sogenannten Hohen Liedes der Liebe schreibt Paulus: „Für jetzt bleiben Glaube, Hoffnung, Liebe – diese drei; doch am größten unter ihnen ist die Liebe" (1 Kor 13,13). Dieser Satz hat schon die frühchristliche Theologie dazu geführt, den drei Haltungen Glaube, Hoffnung und Liebe, die als Trias nur noch in einem weiteren Paulusbrief (1 Thess 1,3 und 5,8) genannt werden, einen besonderen Stellenwert zu geben. Drei kurze Erwähnungen ohne vertiefende Entfaltung sind eine sehr schmale textliche Basis. Wenn ein derart kleiner Impuls spiritualitätsgeschichtlich eine derart große Wirkung entfaltet, dann trifft er offenbar eine tiefe existenzielle Erfahrung.

Um zu verdeutlichen, worum es Paulus geht und worum nicht, ersetze ich die Substantive so weit als möglich durch Verben: Glauben statt „Glaube", Hoffen statt „Hoffnung", Lieben statt „Liebe". Der Grund für diese sprachliche Verschiebung ist, dass die Substantive zu leicht gegenständlich interpretiert werden und der Gegenstand des Glaubens, der Hoffnung und der Liebe vor die existenzielle Haltung und den Lebensvollzug tritt. Glauben meint aber zunächst ein Sich-selbst-Fallenlassen, Hoffen ein Von-sich-weg-Sehen auf das größere Ganze und seinen Sinn, Lieben ein Sich-selbst-Verschenken. *Was* man glaubt, *was* man erhofft, *wen oder was* man liebt, ist dem gegenüber von sekundärer Bedeutung. – Genau hier setzt die „Ökumene des Geistes" an, über die wir bereits im Kapitel 1 nachgedacht haben. Die Gegenstände des Glaubens, Hoffens und Liebens mögen Glaubende unterschiedlicher Religionen sowie Glaubende und „Nichtglaubende" (oder besser: nicht im Sinne einer Religion Glaubende) unterscheiden. Aber der existenzielle Vollzug, die Grundhaltung im eigenen Leben verbindet Menschen, die sich fallen lassen, von sich wegsehen und sich verschenken. Sie haben etwas ganz Bedeutsames gemeinsam: einen spirituellen Kern ihrer Lebensorientierung.

Die christliche Tradition nennt Glauben, Hoffen und Lieben die „theologalen", gottgegebenen Tugenden. In Absetzung von der griechischen Philosophie betont sie, dass die entscheidenden Grundhaltungen des Lebens nicht „gemacht" oder „verdient" werden können. Natürlich kann man sich um sie bemühen, und das soll man. Aber letztlich bleiben sie geschenkte Haltungen. Man könnte sagen: „Es" glaubt, hofft, liebt in uns – im Glauben, Hoffen und Lieben überlassen wir uns Dynamiken, die wir nicht produzieren und programmieren können. Ganz im Gegenteil: Je mehr wir uns unter Druck setzen, umso weniger gelingen uns diese Grundhaltungen.

Gerade jene, die sich unermüdlich für eine bessere Welt einsetzen, wären überfordert, würden resignieren und verzweifeln, hätten sie nicht Kraftquellen, aus denen sie leben. Es muss nicht die christliche Hoffnung sein – aber das Hoffen als Schauen auf ein größeres Ganzes brauchen sie. Es muss nicht der christliche Glaube sein – doch ohne Grundvertrauen in das Gute der Welt und des Menschen geht es nicht. Es muss nicht die Liebe zu Christus sein – doch ohne ein Lieben der Geschöpfe und Dinge wird das Handeln trostlos und leer. Um es in Abwandlung von 1 Kor 13 zu sagen: „Hätte ich alle Gerechtigkeit und Maßhaltung, alle Klugheit und Tapferkeit der Welt, hätte aber Glauben, Hoffen und Lieben nicht, wäre ich dröhnendes Erz oder eine lärmende Pauke – es nützte mir nichts."

Glauben, Hoffen und Lieben berühren also eine der stärksten Quellen, aus denen wir leben. Woraus lebst du? ist die Grundfrage der Spiritualität, die am Beginn dieses Buches steht. In diesem Kapitel rühren wir an eine ihrer fundamentalsten Beantwortungen.

10.1 Glauben:
Sich mit Haut und Haaren übereignen

„Glauben heißt nicht wissen." Diese Redensart hat eine lange Tradition. Schon das antike (profan-)griechische Substantiv πίστις/pistis/Glaube oder πιστεύω/pisteuo/glauben ist von seiner Etymologie her abschätzig gemeint und hat eine zumindest religionsskeptische Note: Pistis meint „eine mindere, unbegründete Art von Erkenntnis"[103]. Da das Neue Testament in Griechisch geschrieben ist, kommt es um diesen Begriff nicht herum und braucht viel Kraft, ihn positiver zu färben. Das gelingt durch den Brückenschlag zum hebräischen aman bzw. haeaemin, das etymologisch bedeutet: sich festmachen, verankern, feststehen. Auch der lateinische Begriff fides hat eine positivere Note, denn er meint ein Treueverhältnis zwischen Patron und Klient. Das lateinische Verb fidere bedeutet trauen, vertrauen, und das später im christlichen Kontext gebräuchlichere Verb credere bedeutet „sein Herz hängen an"[104].

---

103 Otto-Herrmann Pesch 1995, 666.
104 Ebd.

Diese etymologischen Betrachtungen zeigen, wie fatal es ist, den Glauben zu sehr von seinem Gegenstand oder Inhalt her zu definieren. Jeder Mensch, der nicht an denselben Gegenstand glaubt, wird den Glauben als minderwertige Erkenntnis belächeln und verspotten. Wenn hingegen die glaubende Haltung des Sich-Fallenlassens und Vertrauens im Vordergrund steht, spannen sich Brücken der Verständigung auf. – Es gehört zu den folgenreichsten Entwicklungen der frühen Kirche, dass sie den Glauben nahezu ausschließlich von den Glaubensgegenständen her verstanden hat. Konzilien über Konzilien haben nichts anderes getan, als die Glaubenslehre der Kirche immer detaillierter zu definieren. Denkerisch war das sicher eine große Leistung und hat die theologischen Begrifflichkeiten ungemein geschärft. Zugleich aber wurde damit die Option getroffen, das rein Rationale vor das Ganzheitliche zu stellen, und, noch schlimmer, das Trennende (das Denken über bestimmte Glaubensinhalte) vor das Einende (die gemeinsame vertrauende Grundhaltung). Für die mittelalterliche Inquisition wurden hier die Weichen gestellt.

Dabei stehen vertrauende Menschen einander sehr nahe, völlig unabhängig davon, worauf sie vertrauen. Hingegen sind sie vom Lebensgefühl her weit entfernt von Menschen, die nicht vertrauen können und angstgetrieben durch ihr Leben gehen. Die Glaubenshaltung oder der Glaubensvollzug (theologisch fides qua genannt) hat also viel größere Bedeutung als der Glaubensgegenstand oder Glaubensinhalt (theologisch fides quae genannt). Glauben im Sinne der fides qua meint dieses Sich-Überlassen, Sich-Fallenlassen, Sich-Hingeben, Sich-Anvertrauen. Es ist eine Haltung, die aus einer großen inneren Freiheit wächst, immer weiter, bis zum Tod, und die jeder Mensch unvertretbar selbst empfangen muss. Es ist schließlich eine Haltung, die den Menschen ganzheitlich beansprucht, mit Haut und Haaren.

Jesus motiviert in der Bergpredigt zu solcher vertrauenden Gelassenheit, indem er auf die väterliche und mütterliche Liebe Gottes verweist, der für Nahrung und Kleidung sorgen wird (Mt 6,25–34). Das Vater Unser, das Gebet Jesu, das auf die Zeile des griechischen Textes genau in der Mitte der Bergpredigt (Mt 5–7) steht, ist Quelle und Ausdruck dieses Vertrauens zugleich. Der betende Mensch lässt sich mit all seinen Sorgen und Anliegen in die Hand Gottes hineinfallen.

Auch in den Geistlichen Übungen des Ignatius von Loyola spielt das gläubige Vertrauen eine Schlüsselrolle. So steht am Beginn das „Prinzip und Fundament", in dem der spirituelle Mensch angehalten wird, von seiner Seite her Gesundheit nicht mehr zu verlangen als Krankheit, Reichtum nicht mehr als Armut, sondern all diese Dinge Gott zu überlassen (vgl. Kapitel 7.2). Dazu ist ein tiefes Vertrauen in die Gutheit und Sinnhaftigkeit des Lebens nötig. Ignatius selbst musste dieses Vertrauen in der katalanischen Stadt Manresa durch eine lange und tiefe Depression hindurch erwerben. Es wurde ihm genau in dem Moment geschenkt, da ihn sein Perfektionismus und seine Zwanghaftigkeit ekelten.[105] In diesem Vertrauen hat er ein Gebet formuliert, das Höhepunkt und Ziel seiner Geistlichen Übungen ist:[106]

---

105 Ignatius von Loyola, Bericht des Pilgers Nr. 25.
106 Ignatius von Loyola, Geistliche Übungen Nr. 234.

„Nimm hin, Herr, und empfange meine ganze Freiheit,
    mein Gedächtnis,
meinen Verstand und meinen ganzen Willen,
meine ganze Habe und meinen Besitz.
Was ich habe und besitze, hast du mir geschenkt.
Ich gebe es dir wieder ganz und gar zurück und überlasse
    alles dir,
dass du es lenkst nach deinem Willen.
Nur deine Liebe schenke mir und deine Gnade.
Dann bin ich reich genug und suche nichts weiter."

10.2 Hoffen: das Apfelbäumchen pflanzen

Unser modernes Denken ist in einem Maße vom Erfolgsdenken geprägt wie vermutlich keine Epoche zuvor. Das
hat mit der erdrückenden Dominanz des ökonomischen
Denkens zu tun, aber auch mit dem übersteigerten Selbst-
bewusstsein, der Mensch habe alles und vor allem sein
persönliches Glück selbst in der Hand. Dass ein Misserfolg
unter diesem Paradigma in den Burnout führt, verwundert nicht. – Angesichts dieser Entwicklungen hat der
jüdische Philosoph Martin Buber bereits 1951 folgenden
Satz geprägt: „Erfolg ist keiner der Namen Gottes."[107] Was
aber kann an die Stelle des Erfolgsdenkens treten? Letztlich ist es das, was die christliche Spiritualität von Anfang
an „Hoffnung" nennt.

Wiederum müssen wir vorsichtig sein, nicht primär auf
den Gegenstand der Hoffnung (theologisch spes quae ge-

---

107 Martin Buber 1951, in: Frankfurter Hefte. Zeitschrift für Kultur und
    Politik 6/3, 195–196; vgl. hierzu auch Kapitel 8.3.

nannt) zu schauen, auch wenn das gerade im Christentum eine lange Tradition hat. Christliche Heilserwartungen haben sogar erheblich auf säkulare Zukunftsvisionen wie etwa die von Karl Marx oder Ernst Bloch abgefärbt. Aber sobald wir Zukunftserwartungen an die erste Stelle stellen, egal ob diesseitig oder jenseitig, sind wir wieder im Erfolgsparadigma gefangen: Entweder sie gehen in Erfüllung, dann sind wir „erfolgreich", oder sie gehen nicht in Erfüllung, dann war alles umsonst. Unser Handeln ist damit heteronom, abhängig vom Erfolg. – Wohlgemerkt, wir brauchen Zukunftsvisionen, denn sie geben unserem Handeln eine Richtung. Aber wir brauchen noch viel mehr und zuerst die innere Unabhängigkeit von ihrem Eintreffen.

In großartiger Weise drückt sich das in einer Antwort aus, die Václav Havel dem Journalisten Karel Hvížďala auf dessen Frage gegeben hat: „Sehen Sie in den achtziger Jahren irgendwo einen Hoffnungsschimmer?" Václav Havel erwidert: „Zuerst sollte ich wohl sagen, dass ich die Hoffnung, über die ich ziemlich häufig nachdenke (besonders in besonders hoffnungslosen Situationen, wie zum Beispiel im Gefängnis), vor allem, ursprünglich und hauptsächlich als einen Zustand des Geistes, nicht einen Zustand der Welt begreife. Hoffnung haben wir entweder in uns oder wir haben sie nicht, sie ist eine Dimension unserer Seele und ist in ihrem Wesen nicht abhängig von irgendwelchem Beobachten der Welt oder Abschätzen von Situationen. Hoffnung ist keine Prognostik. Sie ist Orientierung des Geistes, Orientierung des Herzens, die die unmittelbar gelebte Welt übersteigt und irgendwo in der Ferne verankert ist, hinter ihren Grenzen. Als bloßes Derivat von etwas Hiesigem, irgendwelcher Bewegungen in der

Welt oder deren günstiger Signale scheint sie mir einfach nicht erklärlich zu sein. Ihre tiefsten Wurzeln spüre ich also irgendwo im Transzendenten, ebenso wie die Wurzeln der menschlichen Verantwortung, ohne dass ich fähig wäre – im Unterschied zum Beispiel zu den Christen –, über dieses Transzendente etwas Konkreteres zu sagen. An dieser meiner Überzeugung – eigentlich ist es mehr als Überzeugung, es ist innere Erfahrung – ändert nichts das Maß, in dem dieser oder jener Mensch eine Verankerung seiner Hoffnung zugibt oder in welchem Maße er sie bestreitet: der überzeugteste Materialist und Atheist kann von dieser inneren, echten und im Transzendenten (nach meiner – nicht seiner – Meinung!) verankerten Hoffnung mehr haben als zehn Metaphysiker zusammen. Das Maß der Hoffnung in diesem tiefen und starken Sinne ist nicht das Maß unserer Freude am guten Lauf der Dinge und unseres Willens, in Unternehmen zu investieren, die sichtbar zu baldigem Erfolg führen, sondern eher das Maß unserer Fähigkeit, uns um etwas zu bemühen, weil es gut ist, und nicht nur, weil es garantiert Erfolg hat. Je ungünstiger die Situation ist, in der wir unsere Hoffnung bewähren, desto tiefer ist diese Hoffnung. Hoffnung ist eben nicht Optimismus. Es ist nicht die Überzeugung, dass etwas gut ausgeht, sondern die Gewissheit, dass etwas Sinn hat – ohne Rücksicht darauf, wie es ausgeht. Ich denke also, dass wir die tiefste und wichtigste Hoffnung, die einzige, die uns trotz allem an der Oberfläche zu halten, zu guten Taten anzuhalten imstande ist und die die einzige echte Quelle der Großartigkeit des menschlichen Geistes und seines Bemühens ist, von ‚anderswoher‘ nehmen. Und diese Hoffnung vor allen Dingen ist es auch, die uns die Kraft gibt zu leben und es immer aufs Neue zu versuchen, seien die Bedingungen äußerlich auch so hoffnungslos wie zum Beispiel die hiesigen. Das also musste ich vorausschicken. Und jetzt zu dem, was Sie wohl hauptsächlich hören wollten, nämlich zum ‚Zustand der Welt' und der Menge und der Arten hoffnungsvoller Anzeichen darin. (…)"[108]

Hoffnung ist „die Gewissheit, dass etwas Sinn hat – ohne Rücksicht darauf, wie es ausgeht". Und diese Gewissheit, so Havel, wächst aus einer tiefen inneren Quelle, die er als „Transzendenz" beschreibt, wie auch immer man sich diese vorstellen mag. Hoffen heißt also, sich an dem Überzeugt-Sein von der Sinnhaftigkeit und Gutheit des eigenen Handelns festzuhalten. Dieses Überzeugt-Sein steht himmelhoch über Erfolg und Misserfolg. Es ist das eigentliche Paradigma spirituellen Denkens. – Havel hat diese Erkenntnis in jahrelanger politischer Haft empfangen. Noch zwei Jahre nach dem Amtsantritt Michail Gorbatschows und zwei Jahre vor dem Fall des Eisernen Vorhangs spekuliert er nicht auf das Ende des Kommunismus. Halt gibt ihm vielmehr ein Hoffen, das autonom, unabhängig vom Ausgang bestimmter Ereignisse ist: Tief in seinem Inneren spürt er die Gewissheit, dass richtig ist, was er tut, und dass gut ist, was er denkt.

Kein Wort drückt es so schön aus wie jenes, das im deutschen Sprachraum Martin Luther, im romanischsprachigen und anglophonen Sprachraum Martin Luther King zugeschrieben wird. Historisch ist es erstmals in einem internen maschinenschriftlichen Rundbrief vom 5. Oktober 1944 von Pfarrer Karl Lotz aus Bad Hersfeld

---

108 Václav Havel 1987, 219–221. Den Hinweis auf die Quelle dieses berühmten Zitats, die ich jahrelang vergeblich gesucht habe, verdanke ich meinem Kollegen Wolfgang Palaver, Innsbruck.

an Vertrauensleute der Bekennenden Kirche in Hessen belegbar. Von Lotz wird der Satz dort fälschlich Martin Luther zugeschrieben. Doch auch wenn er nicht von dem großen Reformator stammt, handelt es sich um einen großartigen, zutiefst spirituellen Satz: „Und wenn ich wüsste, dass die Welt morgen untergeht, würde ich heute noch ein Apfelbäumchen pflanzen."

10.3 Lieben: sich verschenken

Nichts gilt in der modernen Welt als so erstrebenswert wie die Liebe. Dabei ist mit „Liebe" nicht nur die Liebe zu einem Sexualpartner gemeint, sondern auch die Liebe zu den eigenen Eltern, Kindern und Verwandten, die Liebe unter Freundinnen und Freunden und häufig auch die schlichte Nächstenliebe im alltäglichen Miteinander. Wenn wir im Deutschen all diese verschiedenen Vollzüge des Menschseins mit „Liebe" bezeichnen, setzen wir voraus, dass es eine ihnen gemeinsame Grundhaltung gibt: Liebe in all den genannten Formen ist die freie, bejahende, ganzheitliche und sich verschenkende Bindung an eine Person oder Sache. In dieser Definition der Liebe als Bindung ist bereits impliziert, dass Liebe nach Dauerhaftigkeit und Beständigkeit strebt.

Zwei klassische Verengungen gewinnen in der Spiritualitätsgeschichte des Christentums immer wieder Bedeutung: Erstens wird häufig ein Gegensatz zwischen dem griechischen Eros, also einer leidenschaftlichen (Freundschafts-)Liebe aufgrund gegenseitiger Anziehung, und der griechischen Agape, der selbstlosen, reinen (Nächsten- und Feindes-)Liebe behauptet. Der Eros wird in dieser

Tradition als nicht kompatibel mit einem spirituellen Leben betrachtet. Das hat über viele Jahrhunderte zur Ablehnung enger Freundschaften geführt, besonders im klösterlichen Bereich. Gleichzeitig wurde die Liebe auf die Agape, lateinisch Caritas, eingeschränkt, so noch im Standardwerk christlicher Spiritualität, dem Dictionnaire de Spiritualité. Das war eine unzulässige Verkürzung.[109]

Die zweite Verengung ergibt sich wie schon bei den anderen beiden theologalen Tugenden Glaube und Hoffnung durch die primäre Fokussierung auf die Objekte der Liebe (caritas quae) und die Zurückstellung der Liebe als Haltung (caritas qua). Daraus resultiert nämlich eine Konkurrenzsituation zwischen verschiedenen möglichen Adressatinnen und Adressaten der Liebe:

- Eine Konkurrenz zwischen Gott und Mensch: So etwa bei Aurelius Augustinus, wenn er die Selbstliebe der Gottesliebe entgegensetzt und nur die zweite für legitim erklärt.[110] Oder wenn er an zahllosen Stellen seines Werks betont, Gott allein dürfe man „genießen" (frui), die Weltdinge und die Mitmenschen aber nur „benutzen" (uti), um zum Genuss Gottes zu gelangen. Die augustinische Denkweise setzt sich bis in die Gegenwart fort mit der Behauptung des emeritierten Papsts Benedikt XVI., nur der Zölibat lasse die Ganzhingabe des Priesters an Gott zu: Das ganze Leben der katholischen Priester „steht in der Berührung mit dem göttlichen Geheimnis und verlangt so eine Ausschließlichkeit für Gott, die eine andere, das ganze

---

109 Elisabeth Dreyer 1993, 613–614.
110 Augustinus, De civitate Dei XIV, 28.

Leben umgreifende Bindung wie die Ehe neben sich ausschließt"[111].

- Eine Konkurrenz zwischen dem Mitmenschen und sich selbst: In 2000 Jahren Christentumsgeschichte wurde die Selbstliebe fast ausschließlich kritisch gesehen. Dass sie eine unerlässliche Bedingung und der zentrale Nährboden der Nächstenliebe ist, hat man erst in den letzten Jahrzehnten wahrgenommen. Eine radikale Kehrtwende kirchlicher Morallehre ist nötig.

- Eine Konkurrenz zwischen Mensch und Tier: Wenn schon dem Menschen im Vergleich zu Gott eine geringere Form der Liebe gebührt, dann erst recht dem Tier im Vergleich zum Menschen. So formuliert der aktuelle Katechismus: „Man darf Tiere gern haben, soll ihnen aber nicht die Liebe zuwenden, die einzig Menschen gebührt."[112] Was das für eine Liebe ist, die „einzig Menschen gebührt", wird aber nicht gesagt.

Mit der Reduktion der theologischen und kirchenamtlichen Debatten auf die Frage nach legitimen Adressatinnen und Adressaten der Liebe wird deren Profil erheblich verstümmelt. Denn die Liebe als Haltung ist gar nicht portionierbar oder verrechenbar. Das sind nur die handgreiflichen Liebestaten. Doch aus deren Umfang kann man nicht ablesen, dass der eine mehr oder weniger geliebt wird als der andere. Wenn Eltern sich um das behinderte Kind mehr kümmern als um das gesunde, dann sicher nicht deswegen, weil sie das behinderte Kind mehr lieben als das gesunde. Das unterschiedliche Maß ihrer praktischen Fürsorge erwächst

---

111 Benedikt XVI. 2020.
112 Katechismus der Katholischen Kirche Nr. 2418.

vielmehr aus der unterschiedlichen Bedürftigkeit der beiden Kinder.

Liebe ist nicht verrechenbar. Und doch passiert es im alltäglichen Miteinander ständig, dass Liebe verrechnet wird. Da will der eine Freund vom anderen genau dasselbe Maß an Zuwendung zurückbekommen, das er gegeben hat. Da wird die Liebe des anderen bezweifelt, nur weil er eine ganz bestimmte Zuwendung nicht geschenkt hat. Da zerbricht eine Beziehung, weil einer der Beteiligten ganz konkrete „Liebesleistungen" einfordert. – Der Irrtum solcher Vorgänge liegt darin, dass der Bereich der Gerechtigkeit mit dem Bereich der Liebe verwechselt wird. Gerechtigkeit ist messbar, abwägbar, einklagbar – mitunter sogar vor einem Gericht. Liebe ist nicht messbar, nicht abwägbar, nicht einklagbar. Sie bleibt ein freies Geschenk und eine innere Grundhaltung. Echte oder vermeintliche Ungerechtigkeiten gehören thematisiert und geklärt. Aus einer Ungerechtigkeit auf mangelnde Liebe zu schließen ist aber nicht angemessen.

Vielfach verbirgt sich hinter diesem Kurzschluss ein Mangel an Selbstliebe. Wer einem anderen vorwirft, ihn nicht (genug) zu lieben, offenbart damit meist, dass er von der Liebe des anderen abhängig ist, weil er tief in seinem Inneren keinen Selbstwert fühlt. Ein solcher Mensch ist letztlich auch nicht in der Lage, andere wirklich zu lieben. Lieben kann nur, wer sich geliebt weiß, wer selbst Liebe erfahren und empfangen hat und das nicht vergisst. Und hier liegt genau die große spirituelle Herausforderung: Im eigenen Leben nach den Erfahrungen des Geliebtseins suchen und sie tief im Herzen zu verankern. Im Zusammenhang mit der „Unterscheidung der Geister" (Kapitel 7.2) hatten wir bereits gesehen, dass Ignatius von Loyola an den

Beginn des Entscheidungswegs genau diese Betrachtung des eigenen Geliebt- und Getragen-Seins stellt. Wer sich nicht geliebt weiß, kann nicht lieben, kann aber auch nicht wirklich frei entscheiden.

In der Bibel wird der Zusammenhang zwischen Lieben und Geliebtsein nirgends so deutlich wie im ersten Johannesbrief. Dort wird das Geliebtsein durch Menschen zurückgeführt auf das Geliebtsein durch Gott. Gott liebt uns, wenn ein Mensch uns liebt – so der Grundgedanke. Auf diese Weise wird die Konkurrenz zwischen Gott und Mensch aufgehoben und als ein In- und Miteinander gedeutet: „Geliebte, wir wollen einander lieben; denn die Liebe ist aus Gott und jeder, der liebt, stammt von Gott und erkennt Gott. Wer nicht liebt, hat Gott nicht erkannt; denn Gott ist Liebe. … Niemand hat Gott je geschaut; wenn wir einander lieben, bleibt Gott in uns und seine Liebe ist in uns vollendet. … Wir haben die Liebe, die Gott zu uns hat, erkannt und gläubig angenommen. Gott ist Liebe, und wer in der Liebe bleibt, bleibt in Gott und Gott bleibt in ihm. … Wir wollen lieben, weil er uns zuerst geliebt hat" (1 Joh 4,7–8.12.16.19).

Die Überzeugung, dass Gott die Liebe ist, teilt das Christentum mit Judentum und Islam. Unter den 99 Namen Allahs, die in der muslimischen Spiritualität eine große Rolle spielen, gibt es den Namen Al-Wadud, „der Liebende" (Sure 11,90 und 85,14). Für alle spirituellen Menschen aber lässt sich der Satz aus dem Johannesbrief so abwandeln: „Wir wollen lieben, weil wir zuerst geliebt wurden."

10.4 „Es" glaubt, hofft, liebt in uns.
Spiritualität als Geschehenlassen

Glauben, Hoffen und Lieben – diese existenziellen Grund-vollzüge wachsen aus Erfahrungen der Sinnhaftigkeit und des Geborgen-, Gebunden- und Getragen-Seins. Solche Erfahrungen werden geschenkt, meist schon zu einer Zeit, da das Kleinkind noch kein Wort versteht oder sel-ber spricht. Doch gehört es zu den unaufgebbaren Über-zeugungen aller Spiritualitäten, dass jedem Menschen solche („Heils"-)Erfahrungen gegeben sind, wenn auch mitunter sehr wenige und sehr verborgen. Aber für das eigene geistliche Leben gilt es, diese Erfahrungen auf-zuspüren, sie wieder und wieder nachzuerleben und aus ihnen zu schöpfen.

Spiritualität führt auf diese Weise in eine besondere Form der „Passivität". Sie ist eine Haltung des offenen, vertrau-enden Geschehen-Lassens, die zugleich höchst wach und aufmerksam ist und auf das unbekannte Geschehen wartet, mit ihm rechnet. Einer der größten spirituellen Dichter, Johannes vom Kreuz (1542, Fontiveros–1591, Úbeda), ver-gleicht in seinem Buch „Die dunkle Nacht" diese Haltung hellwacher Passivität mit einem Sich-führen-Lassen in ab-soluter Finsternis. Wir modernen Menschen können uns eine solche rabenschwarze Finsternis kaum mehr vorstellen, weil die „Lichtverschmutzung" des Himmels überall gegen-wärtig ist. Unsere Nächte sind nie völlig dunkel. Zur Zeit des Johannes vom Kreuz aber waren sie es noch. Und so ver-standen die Menschen, wie es ist, wenn jemand des Nachts (vor allem in einer Neumondnacht oder einer wolkenver-hangenen Nacht) hinausgeht, um sich von einem anderen führen zu lassen, der sich im Finstern blind zurechtfindet.

Johannes interpretiert in der „Dunklen Nacht" von 1618 ein Gedicht, das er um 1576/78 geschrieben hat, als er aufgrund einer Anzeige seiner eigenen karmelitischen Ordensbrüder in Toledo im Kerker des Ordens inhaftiert war, aus dem ihm erst nach einem knappen Jahr die Flucht gelang. Das Gedicht ist ein Zeugnis dafür, dass er die Haftzeit in eine Zeit höchster Gnade verwandeln konnte. In dem Gedicht, das am Anfang des Buches steht, erzählt Johannes von einem Menschen, der nachts heimlich das Haus verlässt. Er kann erst aus dem Haus schleichen, wenn alle Hausbewohner und Hausbewohnerinnen schlafen – und das heißt, wenn Sinne und Geist nicht mehr aktiv sind.[113] In der völligen Dunkelheit geht er weg – er lässt sich ganz von Gott führen, weil er frei von Strebungen und Gedanken ist (die Sinne schlafen und können kein Begehren auslösen, und auch der Geist schläft).[114] Er verlässt das Haus über eine Geheimtreppe – spirituelles Wissen ist ein intimes Wissen und führt wie eine Treppe über viele Stufen Schritt für Schritt ans Ziel.[115] Und draußen in der Dunklen Nacht gibt es nur noch einen, der den Menschen erkennt und führen kann. Diesem, den er in der Tradition des biblischen Hohenliedes wie einen Geliebten beschreibt, vertraut sich der Mensch rückhaltlos an – und erfährt die höchsten Freuden.

Das Gedicht der Dunklen Nacht gehört zur Weltliteratur. Deswegen bringe ich es im Folgenden als Ganzes und zweisprachig: im spanischen Original, das die Rhythmik

---

113 Johannes vom Kreuz, Dunkle Nacht 2,14 und 24.
114 Ebd., 2, 16. Die Sinne repräsentieren hier anders als zum Beispiel bei Mechthild von Magdeburg die Strebungen bzw. die Leidenschaften des Menschen und damit seine emotionale Seite – für die rationale Seite steht der Geist mit seinen Gedanken.
115 Ebd., 2, 17–20.

und den Reim auch dann erkennen lässt, wenn man kein Spanisch versteht; und in einer guten deutschen Übertragung von Ulrich Dobhan,[116] die allerdings bewusst nicht den Rhythmus und Reim des Originals wiederzugeben versucht, sondern „nur" den Inhalt.

1. En una noche oscura,
con ansias, en amores inflamada,
¡oh dichosa ventura!,
salí sin ser notada
estando ya mi casa sosegada.

In einer Nacht, dunkel,
in brennender Liebessehnsucht entflammt,
– o glückliches Geschick! –
ging ich hinaus, ohne bemerkt zu sein;
mein Haus war schon zur Ruh' gekommen.

2. A oscuras y segura,
por la secreta escala, disfrazada,
¡oh dichosa ventura!,
a oscuras y en celada,
estando ya mi casa sosegada.

Im Dunkeln und sicher,
über die geheime Treppe, vermummt,
– o glückliches Geschick! –
im Dunkeln und verstohlen;
mein Haus war schon zur Ruh' gekommen.

3. En la noche dichosa,
en secreto, que nadie me veía,
ni yo miraba cosa,
sin otra luz y guía
sino la que en el corazón ardía.

In der Nacht, glücklich,
insgeheim, dass niemand mich sah
und ich auf nichts schaute,
ohn' anderes Licht und Führen,
als das im Herzen brannte.

4. Aquésta me guiaba
más cierto que la luz de mediodía,
adonde me esperaba
quien yo bien me sabía,
en parte donde nadie parecía.

Dies führte mich
sicherer als das Licht des Mittags,
wo auf mich wartete,
den ich gut kannte,
dorthin, wo niemand sich zeigte.

5. ¡Oh noche que guiaste!
¡oh noche amable más que el alborada!
¡oh noche que juntaste
Amado con amada,
amada en el Amado transformada!

O Nacht, die führtest!
O Nacht, liebenswerter als das Morgengrauen!
O Nacht, die zusammenführtest
Geliebten mit Geliebter,
Geliebte in Geliebten überformtest!

---

116 Johannes vom Kreuz, Die Dunkle Nacht, Gesang der Seele. Hrsg. u. übers. v. U. Dobhan, E. Hense, E. Peeters. Mit e. Einl. v. U. Dobhan u. R. Körner, 1995 Verlag Herder GmbH, Freiburg i. Br.

6. En mi pecho florido,
que entero para él solo se guardaba,
allí quedó dormido,
y yo le regalaba,
y el ventalle de cedros aire daba.

An meiner Brust, blühend,
die ganz für ihn allein sich aufbewahrte,
dort war er eingeschlafen,
und als ich ihn liebkoste,
gab Hauch der Zedern Wehen.

7. El aire de la almena,
cuando yo sus cabellos esparcía,
con su mano serena
en mi cuello hería
y todos mis sentidos suspendía.

Der Hauch der Zinne,
als ich sein Haar durchstrich,
mit seiner linden Hand,
verletzt' er meinen Hals
und ließ all meine Sinne schwinden.

8. Quedéme y olvidéme,
el rostro recliné sobre el Amado,
cesó todo y dejéme,
dejando mi cuidado
entre las azucenas olvidado.

Ich blieb zurück und selbstvergessen
neigt' sich das Gesicht über den
Geliebten;
es hörte alles auf, ich ließ mich,
gelassen mein Sorgen,
unter den Lilien vergessen.

Glauben, Hoffen und Lieben – das geht letztlich nur aus einer „hellwachen Passivität" heraus, einem achtsamen Sich-führen-Lassen. Glauben, Hoffen und Lieben sind Grundhaltungen der Nacht. Nicht der bedrohlichen oder gar dämonisch beherrschten Nacht, sondern der innerlich überhellen, bergenden und leitenden Nacht. Einer Nacht, die das Geheimnis erspüren lässt.

Über diese Erfahrung des Sich-führen-Lassens hat Papst Franziskus in seinem ersten großen Schreiben als Papst Sätze geschrieben, die für einen Papst ungewöhnlich spirituell sind: „Es ist wahr, dass dieses Vertrauen in den Unsichtbaren in uns ein gewisses Schwindelgefühl hervorrufen kann: Es ist wie ein Eintauchen in ein Meer, wo wir nicht wissen, was auf uns zukommen wird. Ich selbst habe das viele Male erlebt. Es gibt aber keine größere Freiheit, als sich vom Heiligen Geist tragen zu lassen, darauf zu verzichten, alles berechnen und kontrollieren zu wollen, und zu erlauben, dass er uns erleuchtet, uns führt, uns

Orientierung gibt und uns treibt, wohin er will."[117] Was wir Christinnen und Christen „Heiligen Geist" nennen, mögen Andersglaubende mit anderen Begriffen beschreiben. Gleich bleibt aber die Erfahrung, dass ein waches, vertrauendes Sich-führen-Lassen in eine große Freiheit führt.

ÜBUNG 1: Betrachtung der eigenen Heilserfahrungen

Gehe mit deinen Gedanken zurück in deine Kindheit. Erinnere dich an Erfahrungen des Geborgen-Seins. Stelle dir so lebendig wie möglich jene Person(en) vor, die dir Geborgenheit geschenkt haben. Stelle sie dir bildlich vor Augen, höre den Klang ihrer Stimme, spüre ihre Berührungen und rieche ihren Körpergeruch. Achte auf die Gefühle, die diese Phantasieübung in dir auslöst.

ÜBUNG 2: Vertrauensübung

Suche dir einen ruhigen Ort draußen in der Natur und nimm dir dorthin einen Menschen mit, dem du sehr viel Vertrauen schenkst. Lass dir von ihm die Augen verbinden und lass dich mit verbundenen Augen von ihm führen. Achte dabei auf deine Gefühle.

---

117 Papst Franziskus 2013, Apostolisches Schreiben Evangelii gaudium, Nr. 280.

11. Sterben lernen.
Spiritualität als ars moriendi

Der Mensch der modernen Industriegesellschaft sieht sich einem ständig steigenden Leistungsdruck ausgesetzt – vom Kindergarten, in dem er von Anfang an optimal „gefördert" werden soll, bis zum Ruhestand, in dem von ihm lebenslanges Weiterlernen erwartet wird.[118] Dieser Leistungsdruck setzt uns im Alltag unter eine hohe Spannung. Fällt diese am Wochenende ab, kommt häufig eine enorme Lebensgier zum Vorschein: Die gesamte Askese der Arbeitswoche muss nun kompensiert werden – in durchzechten Diskonächten und rauschenden Festen.

Die Balance zwischen Arbeit und Leben, also die „work-life-balance", scheint kaum zu gelingen. Und jene, die keinen Arbeitsplatz mit entsprechenden Leistungsanforderungen einnehmen können, leiden zunehmend unter Langeweile – neben dem bereits seit Jahren

---

118 Das Schlagwort der „Leistungsgesellschaft" ist bereits seit den 1970er Jahren en vogue. Erstaunlicherweise liegen jedoch kaum belastbare empirische Daten dafür vor, ob und auf welche Weise der Leistungsdruck in den vergangenen Jahrzehnten in Industriegesellschaften objektiv gestiegen ist. Die Zahl psychischer Erkrankungen steigt objektiv: In Deutschland z. B. von 33,6 Mio. durch sie verursachten Fehltagen am Arbeitsplatz im Jahr 2001 auf 53,5 Mio. im Jahr 2010, so das Bundesarbeitsministerium im April 2012, und von 0,37 % aller Versicherten stationär Behandelten 1990 auf 0,85 % im Jahr 2010 laut einem Bericht der Barmer Ersatzkasse im Juli 2011. Diese Zahlen geben freilich nur das subjektive Empfinden der Menschen wieder, stärker als früher belastet zu sein. Ob und warum das objektiv der Fall ist, lässt sich aus solchen Zahlen nicht ablesen. Dennoch gehe ich hier von der allgemein anerkannten Annahme eines gesamtgesellschaftlich auch objektiv deutlich gesteigerten Leistungsdrucks aus.

bekannten Burnout im Fall von Überlastung spricht man mittlerweile auch vom Boreout als einer Pathologie im Falle permanenter Unterforderung.[119]

11.1 Die Herausforderung: sterben und leben können

Wie kann der Mensch zwischen Leistungsdruck und Langeweile, zwischen Lebensgier und Lebensüberdruss ein erfülltes Leben führen? Wie kann er die Lebensspanne genießen, die ihm geschenkt ist, und sie sinnvoll füllen, so dass er eine tiefe Lebenszufriedenheit erfährt? Letztlich sind es diese Fragen, mit denen sich die klassische spirituelle Tradition der ars moriendi, der Sterbekunst, beschäftigt. Denn, so ihre Grundüberzeugung, die Frage nach dem erfüllten Leben ist nur auf dem Hintergrund der Frage nach dem rechten Sterben zu beantworten.[120]

Unter dem Begriff ars moriendi firmiert seit dem Mittelalter eine „Literaturgattung, die sich mit der lebenslangen Vorbereitung auf einen guten Tod beschäftigt"[121]. Im Hochmittelalter zunächst lateinisch verfasst und an die Elite der damaligen Gesellschaft gerichtet, schreibt man später in den Volkssprachen, um breitere Zielgruppen anzusprechen.[122] Sogar Bilderbücher für Analphabeten werden herausgegeben.

Dabei steht die ars moriendi in einer weit zurückreichenden Tradition: Schon die Erzählung Platons vom

---

119 Philippe Rothlin/Peter R. Werder 2007 und 2009.
120 Vgl. zu diesem Kapitel Michael Rosenberger 2013.
121 Placidus Berger 2010, 35.
122 Helmuth Rolfes 1989, 17.

Tod des Sokrates[123] schildert diesen als Vorbild eines guten Sterbens und präsentiert die sokratische Haltung als Paradigma für ein Leben unter dem Vorzeichen der Sterblichkeit. Denn mit folgenden Worten wird die Erzählung eingeleitet: „Also seiner Seele wegen muss ein Mann gutes Mutes sein, […] einer […], der der Lust am Lernen sich hingegeben und seine Seele geschmückt hat […] mit dem ihr eigentümlichen Schmuck: Besonnenheit, Gerechtigkeit, Tapferkeit, Edelmut und Wahrheit. Der kann dann ruhig seine Fahrt nach der Unterwelt erwarten, um sie anzutreten, sobald das Schicksal ruft." Platon sieht also in einem guten Leben die Grundlage für ein gutes Sterben – und umgekehrt. Sein Lehrer Sokrates dient ihm dazu als Modell.

Die lateinische Stoa knüpft an Platons Impuls an. Cicero etwa kommentiert die Passage so: Das ganze Leben sei ein Einüben in und ein Sich-Gewöhnen an das Sterben,[124] ein „Meditieren" des gelassenen und gleichmütigen Sterbens.[125] Und Seneca ergänzt, es sei das Ziel, den Tod heiter zu empfangen, wenn er kommt,[126] aber auch erfüllter zu leben, solange der Tod noch fern ist: „Die meisten schwanken zwischen der Furcht vor dem Tod und den Leiden des Lebens erbärmlich hin und her und wollen nicht leben, können nicht sterben."[127] Die ars moriendi ist so bereits von ihren Ursprüngen her zugleich eine ars vivendi, eine Lebenskunst.

---

123 Platon, Phaidon 114d–118.
124 Cicero, Tusculanae disputationes 1, 75.
125 Cicero, Cato maior de senectute 74.
126 Seneca, Epistulae morales 30, 12.
127 Ebd., 77, 19.

Genau in diesem Sinne wird sie in der frühen und früh-mittelalterlichen Kirche vom Mönchtum tradiert. In der Benediktsregel wird sie folgendermaßen auf den Punkt gebracht: „den unberechenbaren Tod täglich vor Augen haben"[128].

11.2 Der Mensch und sein Tod

Wie alle Geschöpfe ist der Mensch sterblich. Doch weiß er um seinen Tod und hat eine ungefähre Vorstellung von seiner (durchschnittlichen) Lebensspanne und ihrem Ende. Daher geht er mehr oder weniger bewusst auf seinen eigenen Tod zu – und wenn weniger bewusst, dann ist auch das eine bewusste Entscheidung. Dabei beendet der Tod die gesamte irdische Existenz eines Menschen. Selbst wenn man an das Weiterleben einer unsterblichen Seele glaubt, ändert das nichts an dieser Tatsache: Die irdische Existenz des Menschen ist im Tod beendet und vernichtet. Diese Unerbittlichkeit des Todes darf nicht verharmlost und durch den naiven Verweis auf ein ewiges Leben ent-schärft werden. Sie darf auch nicht durch die Vorstellung eines sanften Verlöschens rosarot übermalt werden, wie dies in manchen modernen Natürlichkeitsmythen ge-schieht.[129] Der Tod ist und bleibt eine radikale Grenze, das äußerste Symbol und das sichtbarste Zeichen menschlicher Endlichkeit. Er ist das völlige, totale Ende der irdischen Wirklichkeit des Menschen.

---

128 Regel Benedikts 4, 47.
129 Helmuth Rolfes 1989, 41–44.

Auch wenn der Tod als solcher ein nicht vorhersehbares Widerfahrnis von außen ist, das der Mensch hinnehmen muss und das den Charakter des Zerstörerischen, Gewaltsamen aufweist, geht es doch darum, den eigenen Tod zu sterben. Bewusst oder unbewusst ist der Tod auch eine „Tat des Menschen von innen",[130] ein aktives Sich-zum-Ende-Bringen. Der Mensch „verendet" nicht einfach, sondern geht mit seiner Sterblichkeit und seinem Tod als der letzten Möglichkeit um. Nicht immer ist es ihm gegönnt, bei vollem Bewusstsein zu sterben. Jedem Menschen aber ist es möglich, sein Sterben im Vorhinein zu bedenken und wenigstens teilweise zu gestalten. Er kann Wünsche festlegen, die die Angehörigen zum Zeitpunkt seines Sterbens erfüllen; er kann eine Haltung zum Tod einüben, die ihn auch in seinen letzten Stunden prägt und trägt. Entschlossenes und bewusstes Gestalten des eigenen Sterbens und vertrauensvolle Annahme des Todes, wenn seine Zeit gekommen ist, sind also keine Gegensätze, sondern zwei Seiten derselben Medaille. Wie aber lässt sich diese doppelpolige Grundhaltung konkretisieren? Wie kann sie eine konsistente Gestalt gewinnen, die das christliche Leben prägt?

11.3 Eckpunkte einer ars moriendi

„Mors certa, hora incerta" – „der Tod ist sicher, die Stunde nicht", so bringt das Mittelalter die Herausforderung auf den Punkt. Der Zeitpunkt des Todes lässt sich nicht vorhersagen. Deswegen gilt es, allezeit bereit zu sein. Der

---

130 Karl Rahner 1969, 923.

plötzliche Tod war im Mittelalter eine furchtbare Vorstellung, weil er keine rituell-sakramentale Vorbereitung
mehr zulässt.[131] In Wirklichkeit aber kann auch ein plötzlich sterbender Mensch vorbereitet sterben – und gerade
dafür will die ars moriendi Sorge tragen. Entscheidend ist
also das innere Bereit-Sein und Vor-bereitet-Sein.

Eben um des Bereit-Seins willen muss gelten: Die ars
moriendi beginnt jetzt und nicht erst, wenn der Tod he-
rannaht. Das Zugehen auf den Tod prägt den Menschen
von Anfang an, nicht erst mit Beginn einer schweren Er-
krankung. Und weil die Vorbereitungszeit auf den Tod
nicht unbegrenzt zur Verfügung steht, gilt es, jetzt zu
handeln.[132] „Media vita in morte sumus", formuliert das
Mittelalter:[133] Mitten im Leben sind wir vom Tod um-
fangen. Daher gilt es täglich neu so zu leben, als wäre das
der letzte Tag des eigenen Lebens.

Die ars moriendi ist eine echte Kunst. Sie bedarf – wie
alle Künste – des kreativen, unbefangenen Ausprobierens
und der kontinuierlichen Einübung. Beides sind große
Herausforderungen. Um bei ihrer Bewältigung zu helfen,
schrieb man daher im Mittelalter viele Bücher. Die waren
nicht zur sklavischen Befolgung, sondern zur freien und
spielerischen Nachahmung gedacht. Doch spielt in ihnen
die Betonung täglichen Übens immer eine große Rolle. Manches Buch mag den Eindruck erwecken, es ginge
nur um die Vorbereitung auf das Jüngste Gericht, um das
jenseitige, ewige Heil. Doch Heil ist keine rein jenseitige
Wirklichkeit, sondern beginnt hier und heute. Jetzt soll

---

131 Helmuth Rolfes 1989, 20.
132 Ebd.
133 Vermutlich Notker Balbulus, um 840–912.

das Leben heil werden, ganz werden, eine „runde Sache sein". Und wer genau hinsieht, stellt diese Überzeugung in jedem Text der ars moriendi fest.

Schon in der Antike ist es die hauptsächliche Strategie der ars moriendi, den Tod als Bruder anzunehmen. Poetisch verdichtet finden wir diesen Gedanken im Sonnengesang, den Franz von Assisi in seinem letzten Lebensjahr, schon schwer von der Krankheit gezeichnet, geschrieben hat und in dem er den Schöpfer auch für Bruder Tod lobt. Der Tod gehört zum Leben, er ist Teil jeder geschöpflichen Konstitution, und so gilt es, ihn freundlich anzunehmen, wenn man das Leben als solches annehmen will.

11.4 Klassische Ausdrucksformen der ars moriendi

In der Spiritualität geht es nicht nur um die Vermittlung abstrakter Haltungen (vgl. Kapitel 9), sondern vor allem um deren konkrete Einübung in bestimmten Ausdrucksformen. Eine erste konkrete Form christlicher ars moriendi ist das *Innehalten beim Uhrenschlag*: Seit dem späten Mittelalter tragen die Kirchtürme Uhren, die die Glocken zur Viertel- bzw. zur vollen Stunde anschlagen. In Zeiten, da der Durchschnittsbürger keine eigene Uhr besaß, war dies ein wichtiges Medium zur Orientierung und Synchronisierung von Arbeitsabläufen, Terminen und Begegnungen. Doch mehr noch als der Nutzwert des Uhrenschlags, der die ökonomische Entwicklung Europas in erheblichem Maße vorantrieb, zählte sein spiritueller Wert als Signal für die Flüchtigkeit und Vergänglichkeit des menschlichen Lebens. Nicht wenige mittelalterliche Uhren sind mit den bereits zitierten lateinischen Sinnsprüchen der ars moriendi versehen, und wenn eine Uhr Figurenschmuck trägt, darf der Sensenmann mit dem Stundenglas nicht fehlen.[134] Der Schlag der Uhr mahnt: Halt inne – schon wieder ist eine Stunde deines Lebens vergangen – bedenke, wie du sie gefüllt hast! „Unsre Tage zu zählen lehre uns! Dann gewinnen wir ein weises Herz" (Ps 90,12).

Eine zweite Ausdrucksform ist die *abendliche Rückschau auf den Tag*. Früher stark sündenzentriert „Gewissenserforschung" genannt, wird sie heute umfassender als „Gebet der liebenden Aufmerksamkeit" gestaltet (vgl. Kapitel 3.4).[135] Anthropologisch geht es dabei um ein bewussteres und intensiveres Erleben der Vorgänge des eigenen Lebens. Ethisch verstehen wir heute den Begriff des „Gewissens" wieder stärker im Sinne seiner etymologischen Bedeutung von „Zusammenschau", wie es sowohl in der deutschen als auch der lateinischen und griechischen Sprache intendiert ist. Und spirituell geht es um das Wahrnehmen der vielfältigen Spuren Gottes im eigenen Leben. Der Abend des Tages steht mit dem Abend des Lebens in enger Beziehung. Nicht umsonst betet das kirchliche Stundengebet zum Abschluss des Nachtgebets um „eine ruhige Nacht und ein seliges Ende".

Mit diesem Segenswunsch ist bereits die dritte Ausdrucksform angesprochen, das *Gebet um eine gute Sterbestunde*. Noch vor zwei Generationen war es eine hochgeschätzte und stark verbreitete Praxis. Nicht selten mag die Angst vor dem Jüngsten Gericht das Hauptmotiv gewesen sein. Aber auch ohne die Angst als treibenden

---

134 Klaus Müller 2010, 56.
135 Vgl. auch Michael Rosenberger 2012, 112–114.

Faktor kann ein solches Gebet ein wohltuender und vertrauter Brauch werden, der in die Grundhaltungen der ars moriendi einführt.

Deutlich anspruchsvoller ist die vierte Form, das *Meditieren der eigenen Sterbestunde*. Dabei geht es um ein möglichst anschauliches Ausmalen, wie denn das eigene Sterben einmal ablaufen könnte; wer anwesend ist; wie es sich vollzieht; und welche Lebensbilanz man dann wohl ziehen wird. Eine solche Meditation kann einerseits die bereits erwähnte Gelassenheit fördern, andererseits auch Klarheit für anstehende Entscheidungen schenken. In diesem Sinne einer „Unterscheidung der Geister" im Lichte der Sterbestunde hat zum Beispiel Ignatius von Loyola sie in seine Exerzitien aufgenommen.[136]

Relativ exklusiv zeigt sich die fünfte Form, der sogenannte *Totentanz* (danse macabre). In dichterischen Texten, bildlichen Darstellungen und musikalischen Vertonungen ist er seit dem 14. Jahrhundert eine weitverbreitete und beeindruckende Form der ars moriendi.[137] Vermutlich inspiriert von den großen Pestepidemien, wird erzählt, wie der Tod die Menschen zum Tanz bittet – den Papst und den Kaiser, den Bischof und den Fürsten, den Kaufmann und den Bauern, den Alten und

---

136 Ignatius von Loyola, Geistliche Übungen Nr. 186–187.
137 Zunächst wurden kurze, meist vierzeilige Wechselreden zwischen dem Tod und anfangs 24 nach absteigender Rangfolge geordneten Personen überliefert. Die älteste erhaltene Bilddarstellung um 1410 befindet sich in La Chaise-Dieu in der französischen Auvergne und ist bereits mit solchen Texten unterlegt. Bis heute haben Totentanzdarstellungen nichts von ihrer Faszination verloren – im 20. Jahrhundert widmeten sich u. a. Otto Dix, Lovis Corinth, Alfred Hrdlicka und HAP Grieshaber diesem Thema. In der Musik mag man an Franz Schubert, Franz Liszt oder Camille Saint-Saëns denken.

das Kind, Mann und Frau. Jeder kommt irgendwann an die Reihe, und niemand weiß es, bevor es so weit ist. So ist der Totentanz eine starke Verdichtung der einzigen wirklichen Gerechtigkeit auf dieser Erde: Im Tod sind alle gleich!

Andere Bildbetrachtungen treten in einer Zeit, da die Mehrheit der Menschen Analphabeten war, neben den Totentanz, vor allem die *Betrachtung der Kreuzwegtafeln und anderer Bilder*: Neben dem Kreuzweg ist das berühmteste mittelalterliche Beispiel die sog. Bilder-Ars. Entstanden zwischen den Konzilien von Konstanz und Basel, d. h. zwischen 1418 und 1441, steht sie inhaltlich Johannes Gerson (1363, Gerson-lès-Barby–1429, Lyon) nahe, der im Vorwort ausdrücklich als Gewährsmann genannt wird. In Text und Bild dargestellt sind in dem kleinen Andachtsbüchlein fünf Versuchungen des Teufels und spiegelbildlich fünf Ermahnungen des Engels: Zweifel und Glauben, Verzweiflung und Hoffnung, Ungeduld und Geduld, Hochmut und Demut, Geiz und Verzicht stehen einander gegenüber. Ein Abschlussbild der Todesstunde der lesenden Person rundet die Meditation ab.[138] Es geht dabei wohlgemerkt nicht um eine Rückschau auf frühere Versuchungen, sondern um gegenwärtige Anfechtungen des Kranken bzw. mit dem Tod konfrontierten Menschen: Der ist anfechtbar – aber in einer bestimmten, sich markant von den traditionell wahrgenommenen Alltagsversuchungen unterscheidenden Weise. So kommen das V. und das VI. Gebot, also Mord und Ehebruch, die Schwerpunkte traditioneller Beicht-

---

138 Im Internet können alle Bilder z. B. bei Arthur E. Imhof 1996 betrachtet werden.

spiegel, verständlicherweise nicht vor. Das zeigt, dass diese Form der ars moriendi eher für die Sterbestunde gedacht war.

Der Inbegriff unter den erzählerischen und bildlichen Darstellungen der christlichen ars moriendi ist zweifellos die *Entschlafung Mariens*:[139] Der Tod Mariens, so diese reich ausgeschmückte Legende, findet in Anwesenheit aller „Angehörigen", d. h. aller Apostel, statt, die dazu eigens aus allen Himmelsrichtungen nach Ephesus kommen. Sie vollziehen mit Maria die christlichen Sterberituale und nehmen dann bewusst von ihr Abschied. Maria übermittelt ihnen noch ihr Vermächtnis, ehe die sanfte „Entschlafung" (dormitio) stattfindet. Ihre Seele wird schließlich in Christi Hände aufgenommen. Soweit ich sehe, ist das der einzige Verweis auf die Auferstehungshoffnung in der gesamten ars moriendi (neben einer breiteren Reihe von Verweisen auf das Jüngste Gericht). Die ars moriendi erweist sich als sehr erdverbunden und diesseitsbezogen. Sie ist nahe an einer Spiritualität aus Erde.

Erstaunlicher als das fast vollständige Fehlen einer expliziten Auferstehungshoffnung scheint mir aber, dass die volkstümliche ars moriendi auch in anderer Hinsicht kaum christlich ausgeprägt ist: So fehlt jede ausdrückliche Christologie und erst recht jede Erlösungslehre. Auf diese Weise konzentriert sich die ars moriendi auf zwei Eckpunkte: die Schöpfungsspiritualität, die über das Betrachten der Sterblichkeit zwangsläufig einfließen muss; und auf Gnaden-

---

139 Die vermutlich älteste Quelle ist der „Heimgang Marias" des Pseudo-Melito von Sardes aus dem 6. Jahrhundert, dokumentiert in Jacques Laager (Hg.) 1996, 81–95. Am weitesten verbreitet ist seit dem Hochmittelalter die zwischen 1263 und 1273 entstandene Legenda aurea des Jacobus von Voragine (1997, 583–588).

theologie und Ethik, die über die Metapher des Gerichts einfließen. Damit ist die christliche ars moriendi in ihren geläufigen Ausdrucksformen ausgesprochen anschlussfähig an andere religiöse Kontexte. Sie ist weit weniger als viele andere Bereiche christlicher Spiritualität mit den Spezifika des christlichen Glaubensbekenntnisses verbunden. Man könnte provokant formulieren: Die (volkstümliche) ars moriendi ist ziemlich undogmatisch und praktiziert schon im Mittelalter eine „Ökumene des Geistes".

Auch zwei Rituale der ars moriendi sind inhaltlich sehr offen und finden sich im Kontext verschiedener Religionen. Der Erdritus einer Beerdigung drückt aus: „Staub bist du, zum Staub kehrst du zurück" (Gen 3,19). Und die Geste der sog. Prostratio, des Sich-Niederwerfens auf den Boden mit dem Gesicht nach unten, ist ein starkes Todes- und Nichtigkeitssymbol.

11.5 Eine besondere Übung: Das geistliche Testament

Abschließend möchte ich eine spirituelle Ausdrucksform der ars moriendi erläutern, die in Ordensgemeinschaften und unter Priestern eine lange Tradition hat: das geistliche Testament. Wie beim juristisch verfassten Testament geht es dabei um ein Vermächtnis, eine Botschaft an die Hinterbliebenen. Anders als beim juristisch relevanten Testament werden aber keine materiellen, sondern spirituelle Werte und Erfahrungen weitergegeben. Ein letztes Mal übermittelt der oder die Verstorbene eine Lebensbilanz, die er oder sie freilich schon deutlich vor seinem Sterben verfasst hat.

Ein solches geistliches Testament, wie es etwa Papst Johannes Paul II. verfasst, mehrfach in Exerzitien überarbeitet und aktualisiert hat und das nach seinem Tod weltweit publiziert wurde, kann ein abschließendes Zeugnis des eigenen Glaubens, Hoffens und Liebens sein. Allerdings muss es sehr behutsam verfasst werden, damit es nicht in sein Gegenteil umschlägt. Denn die Leserinnen und Leser können weder etwas entgegnen, wenn sie zum Beispiel kritisiert werden, noch nachfragen, wenn sie etwas nicht verstehen. Zwangsläufig geht die Kommunikation nur in eine Richtung, und das erfordert Umsicht und Sensibilität.

Einen solchen Text muss man mit viel Zeit und Ruhe formulieren, eventuell während einer Auszeit. Nach einigen Jahren sollte man ihn wieder lesen, gegebenenfalls ändern oder ergänzen, so dass er nie allzu sehr veraltet ist. Je konkreter er geschrieben ist, umso mehr bedarf er der immerwährenden Anpassung. Gelingt er aber, ist er nicht nur eine herausragende Übung der ars moriendi, sondern zugleich ein unschätzbares Geschenk für alle Angehörigen, die ihn später lesen werden.

11.6 End-lich leben

Ein irischer Segensspruch sagt: „Willst du im Tod gesegnet sein, musst du lernen zu leben. Willst du im Leben gesegnet sein, musst du lernen zu sterben." Treffender kann man kaum zusammenfassen, was das Anliegen christlicher ars moriendi ist. „Ohne Vertröstung auf das Jenseits und ohne Vertröstung auf das Diesseits"[140] versucht der

---

140 Bernhard Sill 2009, 38.

glaubende Mensch der Tatsache des Sterbens in die Augen zu schauen – und nüchtern, aber dankbar seinen Weg als sterbliches Geschöpf zu gehen. Im festen Vertrauen darauf, dass darin unendlich viel Segen liegt.

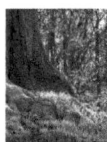

ÜBUNG: Ein geistliches Testament schreiben

Schreibe in einer ruhigen Zeit dein geistliches Testament, gerne auch Stück für Stück über einen längeren Zeitraum. Folgende Fragen können dich leiten:

An wen richtest du dich? Und an wen nicht? Wer soll bzw. darf diesen Text lesen oder erhalten? Und wer soll ihn auf keinen Fall zu Gesicht oder zu Ohren bekommen? Das solltest du unbedingt dazuschreiben, damit die Hinterbliebenen entsprechend mit dem Text umgehen können.

Welche Menschen und Erfahrungen waren für dich bedeutsam? Wofür bist du dankbar, wenn du auf dein Leben zurückschaust?

Welche Werte, Ideale und Hoffnungen haben dich getragen? Was davon willst du gerne deinen Hinterbliebenen weitergeben?

Wofür bittest du wen um Vergebung und wofür gewährst du wem Vergebung? Insbesondere hier ist größte Vorsicht geboten. Die Versöhnung mit deinen Hinterbliebenen kann für diese ein großes Geschenk sein. Kippt aber deine Absicht ins Gegenteil um, wird der unaufgearbeitete Konflikt für die Betroffenen umso härter und unversöhnter stehen bleiben.

Welche Worte des Segens möchtest du den Lesenden zum Abschied mitgeben?

12. Und am Ende: Beten.
Der innerste Kern der Spiritualität

„Sprache der Zukunft
Auch ich kann nicht beten.
Ich glaube, man sieht uns allen an, dass wir nicht beten
können.
Man sieht es auch denen an, die weiterhin beten oder zu
beten meinen.
Dennoch kann ich mir die Sprache einer besseren Zukunft
Nicht vorstellen ohne etwas wie Gebet."[141]

In diesem pointierten Gedicht thematisiert der reformierte Pfarrer Kurt Marti (1921, Bern–2017, Bern) eine weitverbreitete Not: die Not, nicht (mehr) beten zu können. „Man sieht [sie] uns allen an", sagt Marti, sogar einem betenden Pfarrer wie ihm. Die gewohnten Gebetsformulierungen tragen nicht mehr, entsprechen nicht mehr dem Lebensgefühl der heutigen Menschen, finden in ihren Herzen keinen Widerhall.

Viele Zeitgenossinnen und Zeitgenossen erfahren das vermutlich wie Marti als Verlust: „Die Sprache einer besseren Zukunft" ist für sie undenkbar „ohne etwas wie Gebet". Sie sind überzeugt: Es braucht zumindest das hörbare, sichtbare, erlebbare Beten einiger, damit die Sprache der Gesellschaft als Ganzes nicht um eine zentrale Dimension verarmt. Dabei muss man nicht notwendig an in Worten und Sätzen gesprochene Gebete denken. Die „Sprache der Gesellschaft" umfasst wie die Gebetssprache

---

141 Kurt Marti 1979, 117.

auch die Sprache der Körperhaltungen, Gesten und Ge-
bärden, der Zeichen und Symbole, des Schweigens und
der Sammlung. Martis Gedicht zielt also auf das Gebet in
einem weiten Sinn. Wenn die Sprache des Gebets verloren
geht, dann entgleitet uns eine zentrale Ausdrucksmöglich-
keit, an das Geheimnis des Lebens zu rühren. Das Leben
verliert seinen intimsten Grund, seine Herzmitte.

Die Angehörigen einer Religion – gleich welcher –
werden der These Martis wohl zustimmen, dass die Sprache des Gebets ein unverzichtbarer Bestandteil der Sprache
einer lebenswerten Gesellschaft ist. Atheisten und Atheistinnen hingegen werden vielleicht eher ablehnend rea-
gieren, und womöglich ist hier wirklich die Grenze einer
„Ökumene des Geistes" erreicht. Ich möchte gleichwohl
ausloten, ob und inwiefern es sich tatsächlich um eine
Grenze zwischen spirituellen Religiösen und spirituellen
Atheisten und Atheistinnen handelt. Zumindest Elemente
des im Folgenden Dargelegten könnten vielleicht doch
auch für diese plausibel und hilfreich sein. Ohne jeden
missionarischen Eifer hoffe ich daher auf das interessierte
Nachdenken über diese Überlegungen.

12.1 Gebet als bewusste Begegnung mit dem Geheimnis

Was heißt das eigentlich: Beten? Im abendländischen
Kulturkreis meinen wir davon eine klare Vorstellung zu
haben. Aber wir müssen Vorsicht walten lassen, das Gebet
nicht zu sehr vom christlichen Horizont aus zu definieren.
Gesucht ist vielmehr eine religionswissenschaftliche, an
den Phänomenen orientierte Definition, die das Beten

nicht für eine einzelne Religion vereinnahmt, sondern die verschiedenen Erscheinungsformen aller Religionen berücksichtigt und einschließt.

Der Religionswissenschaftler Carl Heinz Ratschow schlägt folgende Definition vor: Gebet ist das „dialogische Gegenüber zu einem angesprochenen höheren Wesen"[142]. Damit setzt er auf zwei Elemente: die Situation einer Begegnung des Menschen mit dem Göttlichen und deren kommunikative, dialogische Dimension. Beide Aspekte sind zweifelsohne unerlässliche Eckpunkte eines Begriffs des Gebets. Jedoch möchte ich beide Formulierungen leicht abwandeln:

- Die Begriffe „dialogisch" und „angesprochen" betonen meines Erachtens zu stark die Sprache. Die Möglichkeit nonverbaler Kommunikation, ja nonverbalen Kontakts mit dem Göttlichen, wie sie etwa in der Meditation im Vordergrund steht, wird von Ratschow nicht ausdrücklich gemacht, womöglich sogar ausgeschlossen.
- Das „höhere Wesen" impliziert bereits die Annahme einer „Individualität" oder „Personalität" des Gegenübers. Ob das im Buddhismus oder anderen fernöstlichen Religionen so akzeptiert würde, wage ich zu bezweifeln. Ich ziehe daher eine offenere Formulierung vor.

Daher lautet mein Vorschlag einer Definition:[143] Gebet ist die bewusste ganzheitliche Begegnung mit dem Geheimnis. Kurz einige Erläuterungen zu den verwendeten Elementen:

---

142 Carl Heinz Ratschow 1984, 31.
143 Vgl. Michael Rosenberger 2012, 16–17.

- bewusst: Gebet ist eine vom Menschen aktiv und zielgerichtet gesteuerte Handlung. Sie muss daher im Betenden bewusst sein und absichtlich geschehen – nicht unbedingt im Moment des Gebets (da ist sie idealerweise unbewusst – der Betende lässt sich fallen, vgl. Kapitel 10.4), wohl aber vor- und nachher in Vorbereitung bzw. Erinnerung.

- ganzheitlich: Gebet ist keine distanzierte Analyse, sondern ein Sich-hineinnehmen-Lassen in eine Beziehung. Daher kann es sich nicht allein im Wort oder im Denken vollziehen, sondern umfasst notwendig Gefühl und leibhaftigen Ausdruck. Beten geschieht ganzheitlich.

- Begegnung: Im Unterschied zu Ratschow verstehe ich Beten nicht allein als Wortgeschehen. Mit Ratschow betone ich aber den Begegnungscharakter des Betens – wer oder was auch immer das Gegenüber sein mag. Wäre Beten reine Selbstbespiegelung oder pures Selbstgespräch, würde ihm ein entscheidendes Moment verloren gehen.

- mit dem Geheimnis: Der Begriff des Geheimnisses scheint mir für alle Religionen, ja sogar für eine atheistische Spiritualität akzeptabel (vgl. Kapitel 3). Er lässt viel Spielraum, denn er kann den unzugänglichen Urgrund des Lebens, ein apersonales Göttliches oder einen personalen Gott meinen. So wird das Gemeinsame aller Spiritualitäten betont: dass sie den Sinn für das Geheimnis der Welt und des Lebens wecken und pflegen wollen. Zugleich wird mit der Betonung des Geheimnishaften einer ritualistisch entleerten Interpretation des Betens der Boden entzogen. Nicht der Mund muss beten, sondern das Herz.

Gebet als die bewusste ganzheitliche Begegnung mit dem Geheimnis – mit dieser Definition können womöglich auch spirituelle Atheisten und Atheistinnen leben und bestätigen, dass sie in diesem Sinne „beten". Beten ist, anders gesagt, das In-Kontakt-Treten mit etwas, das wir nicht kennen und letztlich nie begreifen können, oder, im Verständnis der monotheistischen Religionen, mit einem, den wir nicht kennen und letztlich nie begreifen können – „mit einem nie gesehenen, schweigenden Geliebten"[144]. Dieses „Etwas" oder dieser „Jemand" ist aber faszinierend, anziehend und liebenswert, wie Oosterhuis betont, schützend und bergend. Im Geheimnis sind wir daheim. Es ist gut, sich ihm im Gebet zuzuwenden – wie immer die konkrete Gebetspraxis dann aussieht.

12.2 Dankbares Erinnern als Grundform des Betens

Nun lautet ein uraltes Sprichwort „Not lehrt beten". Und wie in jeder Volksweisheit steckt auch in dieser sicher ein wahrer Kern: Studierende und Schülerinnen und Schüler beten vor einer Prüfung, Sportfans vor einem Wettkampf, Soldaten vor einer Schlacht. Auch die weitverbreitete Praxis des Betens für Verstorbene macht auf eine Not aufmerksam – die Unsicherheit, ob der Angehörige „in den Himmel kommt", ob er also nach dem Tod in irgendeiner Weise weiterexistiert. Schon diese Beispiele machen aber deutlich, dass es oft nicht um materielle, sondern um geistige, spirituelle Nöte geht. Noch deutlicher wird das, wenn wir wahrnehmen, dass im deutschen Sprach-

---

144 Huub Oosterhuis 2015, Psalm 42.

raum der höchste Kirchenbesuch der letzten 200 Jahre am Anfang der 1960er Jahre zu verzeichnen war. Nicht der Krieg war die schlimmste Not, die die Menschen erlebten, sondern die Orientierungskrise nach dem Krieg. In der geistig-moralischen Not suchten die Menschen das Gebet und den Gottesdienst mehr als während der Bombennächte des Kriegs oder in den Hungerszeiten danach.

Was sich durch diese punktuellen Anspielungen bereits abzeichnet, lässt sich auch empirisch nachweisen. Zwar gilt: Je geringer die durchschnittliche Lebenserwartung, je schlechter die ärztliche Versorgung und je höher die Kindersterblichkeit, je weniger entwickelt ein Land ist und je niedriger sein durchschnittliches Bruttoinlandsprodukt, je niedriger das Bildungsniveau und je höher die Einkommensungleichheit, desto mehr wird gebetet.[145] Aber Not lehrt bestenfalls eine Form des Betens: das Bittgebet. Es besteht der begründete Verdacht, dass viele Menschen eher mit Gott handeln und etwas ganz Bestimmtes von ihm erreichen wollen, als dass sie sich wirklich vertrauensvoll in Gottes Hand übergeben. Wenn das zutrifft, dann beten sie gar nicht im eigentlichen Sinne. Dann ist ihr Beten kein Ausdruck von Glauben, Hoffen und Lieben. Dann lehrt die Not gar nicht beten, sondern betteln. Zu Recht ist das eine Vorstellung von Gott, die Atheisten und Atheistinnen zurückweisen.

In Wirklichkeit ist in allen spirituellen Traditionen die Danksagung, griechisch εὐχαριστία/Eucharistia, die Grundform des Betens (vgl. Kapitel 9.1). Doch fällt sie den Menschen offenbar weit schwerer als das „Betteln". Danken braucht die Aufmerksamkeit für Erfahrungen der Freude

---

145 Michael Blume 2011.

und des erfüllten Lebens. Man muss aktiv nach dem suchen, wofür man dankbar sein kann. Für diese Suche gibt es eine privilegierte Zeit: den Abend eines Tages zum dankbaren Zurückschauen auf den Tag. Kinder erzählen ihren Tag gerne noch einmal nach und entdecken darin das besonders Wertvolle – und wenn sie das in einem Dankgebet zusammenfassen, lernen sie die Urform des Betens. Sie entdecken das Geheimnis in ihrem jungen und doch schon so aufregenden Leben. Selbst (oder gerade) wenn es an einem Tag nur wenige Augenblicke des Glücks und der Zufriedenheit gab, lohnt es sich, an sie zu denken und für sie zu danken.

In einem zweiten Schritt können Betende am Abend auch das Bitten lernen – als vertrauensvollen Akt der Selbstübergabe an das Geheimnis für die hereinbrechende Nacht. Kinder haben oft Angst vor dem Einschlafen, weil sie dabei die Kontrolle über das eigene Leben aus der Hand geben. Angstbilder von Bedrohungen aller Art prägen ihre Phantasie, gerade beim Dunkelwerden. Die Finsternis ist für sie unheimlich, und nicht selten müssen Eltern ein Licht eingeschaltet oder die Tür zum Gang geöffnet lassen, damit die Kinder beruhigt sind. Wenn sie in dieser Situation lernen, sich dem Geheimnis anzuvertrauen, dann sind sie bei ihm zuhause. Das Un-heim-liche der Nacht wird im Ge-heim-nis geborgen.

Das Bitten am Abend hat den Vorteil, dass es kaum ein gegenständliches Betteln werden kann. Denn anders als am Morgen oder während des Tages geht es am Abend nur um eines: gut und sanft zu schlafen. Das aber ist dem ursprünglichen Sinn des Bittgebets als einer Selbstübergabe sehr nahe.

Der Abend ist die Schulstunde des Gebets. Der Abend eines Tages (vgl. Kapitel 3.4). Der Abend eines Kalender-

oder Lebensjahres. Der Abend des Lebens (vgl. Kapitel 11).
Hier lässt sich erkennen, wie sich manches im Leben wunderbar gefügt hat, und akzeptieren, dass anderes anscheinend „Unfug" bleibt – unverständlich, unpassend, widerständig. Hier reift die Dankbarkeit, die nicht ein rosarotes Verklären der eigenen Lebensgeschichte ist, sondern in Höhen und Tiefen, in Licht und Dunkelheit Spuren von Lebendigkeit entdeckt – und auf dieser Grundlage Leidvolles, Unbegreifliches besser aushalten kann.

12.3 Beten als Anreden und Erzählen

Beten heißt nicht nur sprechen. Einige der intensivsten Gebetsformen der großen Religionen werden wortlos vollzogen – man denke nur an die Meditation oder Kontemplation. Aber in irgendeiner Weise muss das Beten auch in Worte gebracht werden. Der Mensch ist ein sprechendes Wesen, und so kann er sein Beten nicht völlig unbesprochen und sprachlos lassen. Er muss es in Worte bringen können, denn in ihnen erschließt sich ihm und seinen Mitmenschen ein Teil dessen, was Beten bedeutet.

Eine wichtige Inspirationsquelle der Annäherung an das Phänomen und die Sprache des Betens ist die Analytische Philosophie. Entwickelt am Beginn des 20. Jahrhunderts im anglo-amerikanischen Bereich, sucht sie nach Erkenntnis durch die Analyse des alltäglichen Sprachgebrauchs. Sie vollzieht die „linguistische Wende" zur Beschäftigung mit der Sprache als zentralem Ansatz. Programmatisch charakterisiert das John Langshaw Austin (1911, Lancaster–1960, Oxford): Es gehe um die Analyse der Alltagssprache unter der Frage, „was wir wann sagen

würden und … warum, und was wir damit meinen"[146].
Bezogen auf unsere Frage: Was sagen Menschen, wenn sie
beten, und was meinen sie damit? Welcher Gehalt, welche
Bedeutung, welcher Sinn liegt in der Sprache ihres Gebets?

Im deutschen Sprachraum hat der Religionsphilosoph
Richard Schaeffler (1926, München–2019, München)
mit seiner „Kleine[n] Sprachlehre des Gebets" von 1988
wohl die umfassendste Anwendung sprachanalytischer
Kategorien auf das Gebet präsentiert. In seinen Ausfüh-
rungen orientiert er sich an dem jüdischen Philosophen
Herrmann Cohen (1842, Coswig–1918, Berlin), der zwei
wesentliche Äußerungen des Gebets sieht:

*1) Beten heißt, den Namen (Gottes) anrufen und sich so Iden-
tität schenken lassen:* Im Anrufen eines Namens erinnert
sich der Rufende an die Identität des Angerufenen und
kann diesem begegnen. Er erinnert sich damit aber zugleich an seine eigene Identität, die wesentlich von der
Beziehung zu dem Angerufenen geprägt ist. So kann er
sich diese in Kontinuität und Differenz neu aneignen: Er
bleibt derselbe, indem er die alte Beziehung neu aufnimmt
und sich darin wandelt. Gerade wenn sich zwei Menschen
begegnen und mit Namen ansprechen, die sich jahrelang
nicht gesehen haben, kann man das intensiv erleben und
beobachten.

Genau das geschieht aber nicht nur beim Anrufen des
Namens eines Mitmenschen, sondern auch des Namens
einer Gottheit oder einer göttlichen Wirklichkeit: Im Gebet bindet der Mensch seine Identität und Kontinuität an
einen ewigen, stets da seienden Gott (Ex 3,15) oder eine

---

146 John Langshaw Austin 1975, 185.

nichtpersonale, aber transzendente und „ewige" Wirklichkeit. Seine Identität wird ihm dadurch neu geschenkt und garantiert. Er braucht keine Angst haben, dass sie verloren gehen könnte. Denn Gott oder eine „göttliche" Wirklichkeit wird als der oder das angerufen, „dessen Treue allein sicherstellt, dass unsere Vergangenheit bei ihm ... unverloren ist und dass wir auf dem Wege in unsere Zukunft unsere Identität nicht verlieren"[147].

2) Beten heißt erzählen und so (diachron) die eigene Lebensgeschichte ordnen und (synchron) die Beziehung zum Gegenüber stärken: Im Beten bringt der Betende erzählend sein Leben vor Gott oder vor diese abstrakte göttliche Wirklichkeit. Solches Erzählen hat nach Arthur Coleman Danto (1924, Ann Arbor–2013, New York) die Funktion, die Gegenwart im Blick auf die Vergangenheit zu organisieren und umgekehrt die Vergangenheit im Blick auf die Gegenwart. Erzählen ordnet, deutet und klärt. Der Blick des Betenden auf die in seiner Glaubenstradition (und auch der Atheismus hat eine „Glaubenstradition"!) erzählte Geschichte von Sinn und Erfüllung, Heil und Erlösung klärt seine eigene, ganz persönliche Lebensgeschichte, indem sich Analogien auftun und umfassendere Perspektiven sowie durchgehende Linien sichtbar werden. Umgekehrt lässt seine Lebensgeschichte viele Begebenheiten der Geschichte seiner Glaubenstradition leichter verstehen (diachron).

Erzählen verbindet aber nach Danto auch die Lebensgeschichten der kommunizierenden Personen: Das „Weißt du noch?" dient der Vergewisserung und Stärkung ihrer Beziehung (synchron). Ob lang Verheiratete am Hoch-

---

147 Richard Schaeffler 1988, 30.

zeitstag nochmals von ihrer Hochzeit erzählen oder Eltern ihren Kindern Begebenheiten des eigenen Lebens – immer geht es darum, die kollektive Identität zu stärken und die Gemeinschaft zu vertiefen. Geteilte Erzählungen schweißen zusammen.

Beide Funktionen findet Schaeffler auch im Gebet verwirklicht. Diachron betrachtet wird (bei Schaeffler in monotheistischen Kategorien formuliert!) Gott angerufen als „der, dessen vergangene Taten der Mensch so erzählen kann, dass er dadurch für seine eigene Lebensgeschichte Deutung und Maßstab empfängt ... und dem der Mensch seine eigenen Taten und Leiden so erzählen kann, dass sie sich dadurch zu einem ‚geraden‘ Weg zusammenfügen."[148] Und synchron stärkt und bereichert das Erzählen vor Gott die Beziehung zu ihm.

Aus Cohens, Dantos und Schaefflers Analyse ergeben sich – unabhängig davon, ob es Gott gibt oder nicht – zwei wesentliche Forderungen an gelingendes Beten: Es muss erstens ein angemessenes Anrufen des Namens vermitteln und zweitens anschaulich erzählen. Beides ist nicht selbstverständlich.

• Viele der in der kirchlichen Liturgie verwendeten *Gottesnamen* treffen nicht mehr das Empfinden der Menschen. Sie verunmöglichen die spirituelle Identitätsbildung mehr, als dass sie sie fördern. Hier könnte der Islam mit seiner Sammlung der „99 Gottesnamen", die in Wahrheit weit über 100 sind, einen aufmerksameren Umgang mit der Gottesanrede lehren. Und das Judentum, das seinen (einzigen) Gottesnamen nur

---

148 Ebd., 69.

schreibt und liest, aber nicht ausspricht, könnte die Kostbarkeit unterstreichen, die ein treffender Name für Gott bedeutet. Er ist wie der Kosename, den Geliebte einander geben und sich womöglich nur heimlich zuflüstern. Gerade als intimes Geheimnis enthält er eine Kraft, die Berge zu versetzen weiß.

• Auch das *Erzählen* ist bei weitem nicht immer die Grundmatrix des kirchenamtlichen Betens. Obwohl die sogenannte Anamnese (griechisch für Erinnerung) des liturgischen Betens einen guten Anhaltspunkt böte, bleiben die narrativen Elemente in den kirchlichen Gebeten oft abstrakt und blass. Zudem wird häufig nur von der allgemeinen Glaubensgeschichte der Vergangenheit erzählt, nicht aber von der spezifischen Lebensgeschichte der Anwesenden in der Gegenwart – so als wäre ihr Leben kein Teil der Geschichte von Heil und Erlösung. Dabei wäre im Sinne Schaefflers gerade die gelungene Verbindung beider das befreiende und eröffnende Element des Betens.

Man muss in den verschiedenen religiösen und spirituellen Traditionen genau hinschauen, welche Namens-Anrufungen und Erzählweisen einem wirklich helfen, um mit dem Geheimnis des eigenen Lebens intensiver in Berührung zu kommen. Manche dieser Traditionen waren einmal sehr hilfreich, sind es aber hier und heute unter gewandelten soziokulturellen Bedingungen nicht mehr. Manche Traditionen waren vermutlich nie hilfreich, weil sie von Beginn an mehr Leben verschlossen als erschlossen. Manche jedoch werden quer durch die Jahrtausende ihr Potenzial zur Heranführung an das Geheimnis bewahrt haben. Und natürlich ist zu erwarten, dass auch in der gegenwärtigen Kultur völlig neue, hilfreiche und Leben eröffnende Gebetstraditionen entstehen.

Es lohnt sich also, nicht nur in einer einzigen Religion nach hilfreichen Gebetspraktiken zu suchen. Ohnehin haben die Praktiken einer Religion sehr häufig Entsprechungen in anderen Religionen. So eng ist die Ökumene des Geistes nicht. Differenzen ergeben sich oft erst bei der theologischen Interpretation bestimmter Gebetspraktiken. Und dort muss es ja auch Differenzen geben, wenn die dogmatischen Festlegungen der Religionen irgendeine Bedeutung haben. Doch im Sinne einer Ökumene des Geistes steht das Gemeinsame einer bestimmten Gebetspraxis vor dem Trennenden ihrer Interpretation. Und genau das könnte spirituelle Atheisten und Atheistinnen ermutigen. Es steht ihnen ja offen, die Gebetspraxis einer Religion zu übernehmen, vielleicht geringfügig modifiziert, und ihr im Kontext der eigenen Weltanschauung eine genuine Interpretation zu geben.

„Dennoch kann ich mir die Sprache einer besseren Zukunft nicht vorstellen ohne etwas wie Gebet."[149] Wir sollten diesen Satz eines außerordentlich weltoffenen und lebensnahen Pfarrers nicht vorschnell zurückweisen. Er formuliert ja bewusst „etwas wie Gebet". Man muss es nicht einmal Gebet nennen. Man muss es „nur" entdecken und praktizieren.

---

149 Kurt Marti 1979, 117.

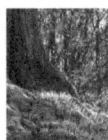

ÜBUNG: Betrachtung möglicher Namen Gottes

Der große Dichter Huub Oosterhuis (✶1933 Amsterdam) hat eine wunderschöne, der modernen Sprache angemessene freie Übertragung der Psalmen vorgelegt. In dieser kommen mehr Gottesnamen vor, als es Psalmen gibt, also mehr als 150. Einige davon werden im Folgenden aufgelistet. – Sprich sie langsam und einzeln aus. Suche dir nach und nach einige aus, die dich besonders ansprechen. Wiederhole diese für einen längeren Zeitraum des Meditierens immer wieder, so dass sie in dein Herz sinken können. – Wenn es dir entgegenkommt, lass das „Du" am Anfang einfach weg.

Du Barmherziger
Du Befreier
Du, der Eine
Du, der Einzige
Du, der Ewige
Du, der Kommende
Du, der Lebendige
Du, der mein Freund wurde
Du, der Name
Du, der uns umfängt
Du, der Unsichtbare
Du, der war und ist und kommt
Du, die Liebe
Du
Du allein
Du Aufmerkender
Du Freund
Du in der lichten Wolke
Du mit deinem Namen
Du von der großen Freundschaft
Du, allein du, wieder du
Du, Kommender

Du, Lebender
Du Einer
Du Erster und Letzter
Du Ewiger
Du, der uns Atem gibt
Du Freigebiger
Du Freund fürs Leben
Du Freund und Fremdling
Du Gegenüber, der mich ansieht
Du Gott der Armen
Du Gott der Entrechteten
Du Gott für diese Welt
Du Gott meines Liedes
Du Gott-Ich-werde
Du Ich bin, der ich bin
Du Ich-werde
Du Ich-werde-da sein
Du in allem Verlässlicher
Du Lauschender Zugeneigter, der mir zugewandt
Du Lebendiger
Du mein Freund
Du mein Helfer
Du meine Zuflucht
Du unbekannter Bekannter
Du unmöglicher Name, unnennbar
Du unsere Freude
Du Verheißender
Du Verlässlicher Lebendiger
Du, wer du
Du Zugeneigter

(Ausgewählt und zusammengestellt von Michael Rosenberger aus Huub Oosterhuis, Psalmen © 2014 Verlag Herder GmbH, Freiburg i. Br.)

13. Wo Himmel und Erde sich berühren. Ein Epilog

Woraus lebst du? Das ist die Leitfrage jeder Spiritualität. Sie ist eine Menschheitsfrage, die nach paläontologischen Befunden schon gestellt wurde, seit es Menschen gibt. Die Antwort auf sie ist – gleich wie sie ausfällt – aus Erde gemacht. Es ist eine menschliche Antwort. In menschlichen Kategorien gedacht. Mit menschlichen Worten gesagt. In menschliche Gesten gekleidet und in menschlichen Praktiken vollzogen. Aus diesem Grund steht eine solche Spiritualität aus Erde, die noch nicht von Glaubensüberzeugungen überformt ist, jedem Menschen unabhängig von seiner Glaubensüberzeugung offen. Sie ist schlicht und ergreifend human.

Gleichwohl – und das ist das Überraschende – rührt Spiritualität immer an „das Göttliche" oder „das Ewige" oder „das Himmlische". Ich nenne es gerne das Geheimnis des Lebens, also die innerste Mitte, den intimsten Kern des Daseins und der eigenen Person, der uns Zeit unseres Lebens verborgen bleibt, den wir aber ständig ahnen und spüren und dem wir uns vorsichtig und scheu annähern können. Man mag dieses Geheimnis nennen, wie man will, es ist das „Nicht-Irdische" oder „Über-Irdische" unserer irdischen Existenz. Martin Heidegger charakterisierte es relativ düster und unerbittlich als „Geworfenheit", die großen Religionen würden es eher positiv als ein Sich-geschenkt-Sein umschreiben. Gemeinsam ist ihnen die bleibende Unverfügbarkeit, die diesen Anfang und Kern menschlicher Existenz ausmacht. Die entscheidenden

Dinge im Leben können wir nicht „machen", sondern nur empfangen.

Um sich diesem Geheimnis des Lebens anzunähern, mit ihm ein Leben lang Schritt für Schritt immer vertrauter zu werden und immer mehr bei ihm daheim zu sein, gibt es in allen Kulturen und Religionen ein erstaunlich ähnliches Set von „Techniken". Die wichtigsten von ihnen habe ich in diesem Buch dargestellt. Ihre organische Implementierung in die eigene Persönlichkeit und den eigenen Lebensstil ist es, was wir im Vollsinn des Wortes Spiritualität nennen – eine konkrete, stimmige Gestalt des geistvollen Umgangs mit der Wirklichkeit (vgl. Kapitel 2).

Eine Geschichte erzählt: „Einst waren zwei Mönche, die lasen zusammen in einem alten Buch, am Ende der Welt gebe es einen Ort, an dem der Himmel und die Erde sich berührten. Sie beschlossen, diesen Ort zu suchen und nicht eher umzukehren, ehe sie ihn gefunden hätten. Auf ihrer langen Wanderung durchquerten sie die Welt, bestanden unzählige große Gefahren, erlitten alle Entbehrungen, die eine Wanderung durch die ganze Welt fordert, und widerstanden allen Versuchungen, die einen Menschen vom Ziel abbringen können. Eine Tür sei dort, hatten sie gelesen. Man brauche nur anzuklopfen und befinde sich genau dort, wo Himmel und Erde sich berührten. Schließlich fanden sie, was sie suchten. Aufgeregt klopften sie an die Tür, bebenden Herzens drückten sie die Klinke nieder, und als sie eintraten, standen sie zu Hause in ihrer Klosterzelle" (Quelle unbekannt).

Die Klosterzelle der Geschichte ist ein Bild für unser Inneres. Tief in uns verborgen berühren sich „Himmel" und Erde. Wir brauchen nur an der Tür zu diesem Inneren anklopfen, und schon können wir es erleben. Aber, so die Erzählung, das Anklopfen will gelernt werden. Erst müssen die beiden Mönche eine Weltreise unternehmen und viele Erfahrungen machen, ehe sie so bei sich selber anklopfen können, dass sich die Tür des Geheimnisses ihres Lebens wirklich öffnet. Die eigene Spiritualität zu nähren und zu formen und wachsen zu lassen ist eine Lebensaufgabe, die der Weltreise der Mönche gleicht. Doch da ist die Verheißung ihres Traums: Es gibt diesen Ort, an dem Himmel und Erde sich berühren – du kannst ihn finden!

Literaturverzeichnis

Herman Andriessen 1995, Sich von Gott berühren lassen. Geistliche Begleitung als pastorales Handeln heute, Mainz.

Alfons Auer 1989[2], Autonome Moral und christlicher Glaube, Düsseldorf.

John Langshaw Austin 1975, Ein Plädoyer für Entschuldigungen, in: derselbe, Wort und Bedeutung. Philosophische Aufsätze, München, 177–212.

Ozlem Ayduk/Rodolfo Mendoza-Denton/Walter Mischel/Geraldine Downey/Philip K. Peake/Monica L. Rodriguez 2000, Regulating the interpersonal self. Strategic self-regulation for coping with rejection sensitivity, in: Journal of Personality and Social Psychology 79,776–792.

Monica Y. Bartlett/David DeSteno 2006, Gratitude and Prosocial Behavior. Helping When It Costs You, in: Psychological Science 17, 319–325.

Benedikt XVI. 2020, Das katholische Priestertum, in: Robert Sarah, Aus der Tiefe des Herzens. Priestertum, Zölibat und die Krise der katholischen Kirche, Kißlegg, elektronisch vorabveröffentlicht in: https://www.die-tagespost.de/kirche-aktuell/aktuell/Das-katholische-Priestertum;art4874,204596 (Abruf 24.1.20).

Placidus Berger 2010, Ars Moriendi. Die Kunst des Lebens und des Sterbens, Münsterschwarzach.

Michael Blume 2011, Lehrt nur Not beten? Zum komplexen Zusammenhang von Religion und Glück, in: Mitteilungen der Berliner Gesellschaft für Anthro-

pologie, Ethnologie und Urgeschichte 32, http://www.
blume-religionswissenschaft.de/pdf/BGAEUReligi-
onGlueckBlume.pdf (Abruf 30.1.20).

Heinrich Böll 1966, Nicht nur zur Weihnachtszeit, Köln/
Berlin.

Dagmar Burkhart 2012, Gewaltrituale, in: Erwägen
Wissen Ethik 23, 181–184.

Albert Camus 2013, Hochzeit des Lichts, Zürich – Hamburg.

M. Keith Chen 2013, The Effect of Language on Economic Behavior. Evidence from Savings Rates, Health
Behaviors, and Retirement Assets, in: American Economic Review 103, 690–731.

André Comte-Sponville 2008, Woran glaubt ein Atheist? Spiritualität ohne Gott, Zürich (Original: L'esprit
de l'athéisme. Introduction à une spiritualité sans dieu,
Paris 2006).

Karl-Heinz Crumbach 1969, Ein ignatianisches Wort als
Frage an unseren Glauben, in: Geist und Leben 42,
321–328.

Corinna Dahlgrün 2009, Christliche Spiritualität: Formen und Traditionen der Suche nach Gott, Berlin.

Antonio R. Damasio 1999[4], Descartes' Irrtum. Fühlen,
Denken und das menschliche Gehirn, München.

Antonio R. Damasio 2000, Ich fühle also bin ich. Die
Entschlüsselung des Bewusstseins, München.

Heinrich Denzinger/Peter Hünermann 2017[45], Kom-
pendium der Glaubensbekenntnisse und kirchlichen
Lehrentscheidungen. = Enchiridion symbolorum de-
finitionum et declarationum de rebus fidei et morum,
Freiburg i. Br. u. a.

Elisabeth Dreyer 1993, Love, in: The New Dictionary of Catholic Spirituality, 612–622.

Burckhard Dücker 2007, Rituale: Formen – Funktionen – Geschichte; eine Einführung in die Ritualwissenschaft, Stuttgart.

Burckhard Dücker 2012, Rituale, in: Erwägen Wissen Ethik 23, 165–173.

Robert A. Emmons/Michael E. McCullough 2003, Highlights from the Research Project of Gratitude and Thankfulness (Paper), in: http://local.psy.miami.edu/faculty/mmcculloug/Gratitude-Related%20Stuff/highlights_fall_2003.pdf (Abruf 23.1.20).

Stephan Ernst 2016, Komplementäre Grundhaltungen des Glaubens – Beispiele aus den Evangelien, in: Paul-Chummar Chittilappilly (Hg.), Horizonte gegenwärtiger Ethik. Festschrift für Josef Schuster SJ, Freiburg i. Br., 201–217.

Bundesministerium für Familie, Senioren, Frauen und Jugend 2004, Sexuelle Übergriffe in Psychotherapie, Psychiatrie und psychologischer Beratung, Berlin.

Bernhard Fraling 1970, Überlegungen zum Begriff der Spiritualität, in: Zeitschrift für katholische Theologie 92, 183–198.

Kongregation für die Glaubenslehre 1989, Schreiben an die Bischöfe über einige Aspekte der christlichen Meditation, in: www.vatican.va/roman_curia/congregations/cfaith/documents/rc_con_cfaith_doc_19891510_meditazione-cristiana_ge.html (Abruf 20.2.20).

Adam M. Grant/Francesca Gino 2010, A Little Thanks Goes a Long Way: Explaining Why Gratitude Expressions Motivate Prosocial Behavior, in: Journal of Personality and Social Psychology 98, 946–955.

Peter Gross 1994, Die Multioptionsgesellschaft, Frankfurt/Main.

Anselm Grün 1991, Geistliche Begleitung bei den Wüstenvätern, Münsterschwarzach.

Anselm Grün/Meinrad Dufner 1994, Spiritualität von unten, Münsterschwarzach.

Jürgen Habermas 2001, Dankesrede Glauben und Wissen, in: Börsenverein des Deutschen Buchhandels (Hg.) 2001, Friedenspreis des Deutschen Buchhandels 2001 Jürgen Habermas, in: https://www.friedenspreis-des-deutschen-buchhandels.de/sixcms/media.php/1290/2001_habermas.pdf (Abruf 20.2.20).

Jürgen Habermas 2004, Stellungnahme Professor Dr. Jürgen Habermas, in: zur debatte 1/2004, 2–4, https://akopol.files.wordpress.com/2011/09/habermas-ratzinger.pdf (Abruf 20.2.20).

Václav Havel 1987, Fernverhör. Ein Gespräch mit Karel Hvížďala, Reinbek bei Hamburg.

Gabriel Hevenesi 1705, Scintillae Ignatianae, Vienne.

Gabriel Hevenesi 1714^2, Scintillae Ignatianae, Vienne.

Ralf Huning 2019, Ich muss nicht beten können. Erfahrungen auf dem geistlichen Weg, Würzburg.

Ute Hüsken (Hg.) 2007, When rituals go wrong. Mistakes, failure, and the dynamics of ritual, Leiden u. a.

Ana S. Iltis 2012, Ritual as the Creation of Social Reality, in: Solomon, David/Lo, Ping-Cheung/Fan, Ruiping (Hg.) 2012, 17–28.

Arthur E. Imhof 1996, Erfüllt leben – in Gelassenheit sterben – eine Ars moriendi für unsere Zeit, in: http://userpage.fu-berlin.de/~aeimhof/seelefr.htm (Abruf: 1.2.20).

Sheena S. Iyengar/Mark R. Lepper 2000, When Choice is Demotivating: Can One Desire Too Much of a Good Thing? In: Journal of Personality and Social Psychology 79, 995–1006.

Johannes vom Kreuz 1995, Die dunkle Nacht, Freiburg i. Br.

Dirk Kaesler 2009, „Religiös unmusikalisch". Anmerkungen zum Verhältnis von Jürgen Habermas zu Max Weber, in: https://literaturkritik.de/public/rezension.php?rez_id=13142 (Abruf 20.2.20).

Vera Kattermann 2018, Sexueller Missbrauch in der Psychotherapie: Zerstörtes Vertrauen und Schuld, in: Deutsches Ärzteblatt PP 17, 17–20.

Klaus Kießling (Hg.) 2010, Geistliche Begleitung. Beiträge aus Pastoralpsychologie und Spiritualität, Göttingen.

Andreas Knapp 2005, Von der Dynamik christlichen Betens. Das Gebet als Befreiung von Selbstsucht und Selbstflucht, in: Willi Lambert/Melanie Wolfers (Hg.) 2005, Dein Angesicht will ich suchen. Sinn und Gestalt christlichen Betens, Freiburg i. Br., 22–34.

Susanne König/Judith Glück 2013, „Gratitude is with me all the time": how gratitude relates to wisdom, in: Journals of Gerontology, Series B: Psychological Sciences and Social Sciences 69, 655–666.

Ethan Kross/Walter Mischel/Yuichi Shoda 2010, Enabling self-control. A cognitive affective processing system (CAPS) approach to problematic behavior, in: James E. Maddux/June Tangney (Hg.), Social Psychological Foundations of Clinical Psychology, New York, 375–394.

Jacques Laager (Hg.), Ars moriendi. Die Kunst, gut zu leben und gut zu sterben. Texte von Cicero bis Luther, Zürich 1996.

Siegfried Lenz 1973, Das Vorbild, Hamburg.

Ignatius von Loyola 1999, Geistliche Übungen, übersetzt von Adolf Haas, Freiburg i. Br.

Ignatius von Loyola 2006, Der Bericht des Pilgers, übersetzt von Michael Sievernich, Wiesbaden.

Kurt Marti 1979, Zärtlichkeit und Schmerz, Darmstadt.

Michael E. McCullough/Robert A. Emmons/Jo-Ann Tsang 2002, The grateful disposition: A conceptual and empirical topography, in: Journal of Personality and Social Psychology 83, 112–127.

Walter Mischel/Yuichi Shoda/Monica L. Rodriguez 1989, Delay of gratification in children, in: Science 244, 933–938.

Walter Mischel/Ozlem Ayduk 2011[2], Willpower in a Cognitive-Affective Processing System. The dynamics of delay of gratification, in: Kathleen D. Vohs/Roy F. Baumeister (Hg.), Handbook of self-regulation. Research, Theory, and Applications, New York, 83–105.

Walter Mischel/Ozlem Ayduk/Marc G. Berman/B. J. Casey/Ian H. Gotlib/John Jonides/Ethan Kross/Theresa Teslovich/Nicole L. Wilson/Vivian Zayas/Yuichi Shoda 2011, ‚Willpower‘ over the life span. Decomposing self-regulation, in: Social Cognitive and Affective Neuroscience 6, 252–256.

Walter Mischel 2015, Der Marshmallow-Test: Willensstärke, Belohnungsaufschub und die Entwicklung der Persönlichkeit, München.

Terrie E. Moffitta/Louise Arseneault/Daniel Belskya/Nigel Dickson/Robert J. Hancox/HonaLee Harrington/Renate Houts/Richie Poulton/Brent W. Roberts/Stephen Ross/Malcolm R. Searse/W. Murray Thomson/Avshalom Caspi 2011, A gradient of childhood self-control predicts health, wealth, and public safety, in: Proceedings of the National Academy of Science 108, 2693–2698.

Klaus Müller 2010, Bleiben wollen, gehen müssen – und vom Glück der Endlichkeit, in: Gregor Maria Hoff (Hg.), Salzburger Hochschulwochen, Endlich! Leben und Überleben, Innsbruck, 52–82.

Friedrich Nietzsche 1881, Morgenröthe. Gedanken über die moralischen Vorurtheile, Chemnitz.

Elisabeth Nolde 2016, Jeder 12. Therapeut wird sexuell übergriffig. Interview mit Harald J. Freyberger, in: Medical Tribune vom 1.8.2016.

Huub Oosterhuis 2014, Psalmen, Freiburg i. Br.

Otto-Herrmann Pesch 1995, Glaube, Glauben I. Anthropologisch, in: Lexikon für Theologie und Kirche 4, 666–667.

Hugo Rahner 1964, Ignatius von Loyola als Mensch und Theologe, Freiburg i. Br.

Karl Rahner 1967, Geheimnis, in: Sacramentum Mundi 2, 189–196.

Karl Rahner 1969, Tod, in: Sacramentum mundi 4, 920–927.

Carl Heinz Ratschow 1984, Gebet I., in: Theologische Realenzyklopädie 12, 31–34.

Monica L. Rodriguez/Walter Mischel/Yuichi Shoda 1989, Cognitive person variables in the delay of gratification of older children at risk, in: Journal of Personality and Social Psychology 57, 358–367.

Helmuth Rolfes 1989, Ars Moriendi. Eine Sterbekunst aus der Sorge um das ewige Heil, in: Harald Wagner (Hg.), Ars moriendi. Erwägungen zur Kunst des Sterbens, Freiburg u. a., 15–44.

Michael Rosenberger 1996, Herzenskenntnis, in: Lexikon für Theologie und Kirche 5, 63.

Michael Rosenberger 2001, Von Heiligen und neuronalen Netzen. Der Stellenwert von Vorbildern für die Ethik. In: Zeitschrift für katholische Theologie 123, 156–168.

Michael Rosenberger 2012, Im Geheimnis geborgen. Einführung in die Theologie des Gebets, Würzburg.

Michael Rosenberger 2013, End-lich leben. Christliche Sterbekunst heute, in: Severin Lederhilger (Hg.), Des Menschen Leben ist wie Gras. Tabu Lebensende, Frankfurt/Main u. a., 145–161.

Michael Rosenberger 2018, Frei zu leben. Allgemeine Moraltheologie, Münster.

Philippe Rothlin/Peter R. Werder 2007, Diagnose Boreout, München.

Philippe Rothlin/Peter R. Werder 2009, Die Boreout-Falle: Wie Unternehmen Langeweile und Leerlauf vermeiden, München.

Richard Schaeffler 1988, Kleine Sprachlehre des Gebets, Einsiedeln/Trier.

Andrea Schleu 2014, Wenn Psychotherapien entglitten sind … Über den professionellen Umgang mit Verwicklungen und Grenzüberschreitungen, in: Andrea Schleu/Karin Schreiber-Willnow/Wolfgang Wöller (Hg.), Verwickeln und Entwickeln – Ethische Fragen in der Psychotherapie, Bad Homburg, 39–58.

Tatjana Schnell 2010, Existential Indifference: Another Quality of Meaning in Life, in: Journal of Humanistic Psychology 50, 351–373.

Barry Schwartz 2000, Self-Determination. The Tyranny of Freedom, in: American Psychologist 55, 79–88.

Martin K. W. Schweer/Jörg Schulte-Pelkum/Karin M. Siebertz-Reckzeh 2012, Eine dynamisch-interaktionistische Perspektive auf die Ritualforschung. Replik auf Burckhard Dücker: „Rituale", in: Erwägen Wissen Ethik 23, 220–223.

Bernhard Sill 2009, Die Kunst des Sterbens, Regensburg.

Barbara Stollberg-Rilinger 2004, Symbolische Kommunikation in der Vormoderne. Begriffe – Thesen – Forschungsperspektiven, in: Zeitschrift für historische Forschung 31, 489–527.

Heinz Streib/Barbara Keller (Hg.) 2015, Was bedeutet Spiritualität? Befunde, Analysen und Fallstudien aus Deutschland, Göttingen.

Josef Sudbrack 1981, Geistliche Führung, Freiburg i. Br./Basel/Wien.

Matthias Sutter/Martin G. Kocher/Daniela Glätzle-Rüetzler/Stefan T. Trautmann. 2013, Impatience and Uncertainty. Experimental Decisions Predict Adolescents' Field Behavior, in: American Economic Review 103, 510–531.

Matthias Sutter/Silvia Angerer/Daniela Glätzle-Rützler/Philipp Lergetporer 2014, Donations, Risk Attitudes and Time Preferences. A Study on Altruism in Primary School Children, in: Journal of Economic Behavior and Organization

Matthias Sutter 2014, Die Entdeckung der Geduld – Ausdauer schlägt Talent, Salzburg.

Edgar Thaidigsmann 2011, „Religiös unmusikalisch". Aspekte einer hermeneutischen Problematik, in: Zeitschrift für Theologie und Kirche 108, 490–509.

Eberhard Tiefensee 2019, „Und plötzlich ... Was? Nichts. Alles!" Überlegungen zum Gehalt und der Erforschung atheistischer Spiritualität, in: Herder Korrespondenz 8/2019, 35–38.

Jo-Ann Tsang 2006, Gratitude and prosocial behavior. An experimental test of gratitude, in: Cognition and Emotion 20, 138–148.

Jacobus von Voragine 1997, Legenda aurea, übersetzt von Richard Benz, Gerlingen.

Victor Witter Turner 2005, Das Ritual. Struktur und Anti-Struktur, Frankfurt/Main u. a.

Max Weber 1906, „Kirchen" und „Sekten" in Nordamerika. Eine sozialpolitische Skizze, in: Die christliche Welt 20, 558–562 und 577–583.

Max Weber 1994, Brief an Ferdinand Tönnies vom 19. Februar 1909, in: ders., Briefe 1909–1910. Gesamtausgabe II/6, Tübingen, 63–66.

Alex M. Wood/Stephen Joseph/John Maltby 2008, Gratitude uniquely predicts satisfaction with life: Incremental validity above the domains and facets of the Five Factor Model, in: Personality and Individual Differences 45, 49–54.

Alex M. Wood/Stephen Joseph/John Maltby 2009, Gratitude predicts psychological well-being above the Big Five facets, in: Personality and Individual Differences 45, 655–660.